優渥叢書

史上最強K線───

散戶追漲教科書

破新高的股票這樣追，賺飽價差 51%！

明發◎著

U0072560

783.134

231.678

231.678

134.564

134.564

48

11.3965

24.4446

458.274

456.123

24.4446

458.274

$ CONTENTS

第 5 課 【技巧篇】 想要短線漲漲跌跌賺價差，祕密武器是……

第三部

12 個案例教你，看圖就能輕鬆買低賣高！

第 6 課 【追漲實戰案例】 看懂主力法人，把股票拉到漲停的常見手法！

第一部

追漲停，
你該克服的技術與心態！

第 **1** 課

入門篇

散戶想克服追漲恐懼，
就得學好技術分析

1-1

跟緊強勢股操作，
是投資人的最聰明選擇

　　股市如人生，人生亦如股市，跌跌宕宕、起起伏伏；人生艱難，歲月知曉，股市艱辛，帳戶知道。股市作為一個證券投資交易市場，其實是一個零和博弈的市場，雖然所有投資人的機會都是平等的。但由於不同程度受到國際經濟形勢不景氣、上市公司資訊造假、主力機構內幕交易、老鼠倉利益輸送、投資人能力素質等因素的影響，能在股市中賺到錢的只是少數人。正所謂「七虧二平一賺」，多數人都承擔著不同程度的虧損。

　　股市不同情弱者，馬太效應（Matthew　Effect）的「強者愈強、弱者愈弱」現象，是國內股市的真實寫照，也是做股票就要做強勢股的依據。某些國家就目前形勢而言，股市並不完全存在如巴菲特所宣導的長期價值投資機會。想在股市上儘快賺到錢，尋找強勢股進行短線操作、快進快出，是包括主力機構在內的廣大投資人的最佳選擇。

　　大道至簡，順勢而為，做強勢股、做上升趨勢立竿見影，一般情況下當天買入當天就能產生收益。市場上異軍突起的許多飆股、大黑馬都是從強勢股中走出來的。強勢股中必定有主力機構在運作，主力機構操作一檔股票，無論有意還是無意都會留下蛛絲馬跡，這就為投資人操盤提供了機會。

　　做強勢股做上升趨勢，其實就是做強勢節點，只做啟動至拉升或拔高這幾節，就如竹筍破土見日成長最快的這幾節。若能在生長速度變慢之前

撤退離場，既省時省力還省資金。想要發掘、抓住強勢股，做好強勢節點，必須學好基礎理論、練好基本功。在操盤實踐中真實感悟市場，不斷累積實戰經驗和獨特見解，形成自己的操盤思路、操盤風格和操盤模式。

本書主要以短線交易及短期行情操盤為主，運用大量實戰案例，詳細解析主力機構在操盤強勢股過程中的思路、方法及技巧。引導投資人做出準確分析，並理解操盤手的操盤細節、做盤手法和操縱目的，精準掌握買賣點，做到與主力同行，實現短線快速獲利。實戰操盤中，投資人一定要結合股價在 K 線走勢中所處的位置、成交量及均線型態等各種因素，分析研判後做慎重決策。

股市有風險，跟主力需謹慎。筆者將 20 多年操盤經驗和感悟述諸筆端、融入書中，為投資人提供操盤思路和技法。但千萬不能照搬照抄，投資人一定要根據手中股票的具體情況，通盤分析考慮後再決定是否買賣。

路雖遠，行將必至；事再難，做則必成。操作股票如同蓋房子，要從打基礎開始，既要有豐富的理論知識，又要有足夠的經驗教訓積累。本人雖然從事證券投資 20 多年，但在證券專業知識結構、投資理念風格、操盤風險控制等方面還有許多缺陷，必然導致本書會有很多錯誤、缺失和不足。還請各路投資大家和讀者批評雅正。真心希望本書對讀者有所啟發和幫助。

1-2

強勢 K 線型態，
能準確掌握多空變化

　　K 線組合，是指由兩根以上 K 線組成，且能夠反映市場多空力量對比，且代表一定運行方向的 K 線整體。比如上升 K 線組合、下降 K 線組合、橫盤 K 線組合等，也可稱之為看漲 K 線組合、看跌 K 線組合、看平 K 線組合等。

　　K 線組合種類繁多，但對投資人來說，具有實戰價值能夠預示股價漲跌的 K 線組合，才是最有意義的 K 線組合。

　　從實戰出發來分析 K 線走勢，其實從三根以上的 K 線組合，再輔以成交量、均線系統排列、換手率等其他技術指標的情況下，才能較為準確判斷出一段時間內多空雙方力量的對比變化，從而掌握股價波動的趨勢，為我們的操盤提供依據和保障。

　　而強勢 K 線組合，是指由三根以上 K 線組成，且能夠啟動上漲行情，或拉升行情之具有實戰價值的 K 線整體。

　　接下來的第 2 課，主要探討由 3 根 K 線（含 3 根以上）組成的強勢 K 線組合。並詳細研究分析實戰操盤中，經常出現的典型的 K 線組合。

股價將上漲時，
會出現的兩個 K 線組合

2-1

早晨之星 K 線出現，
就是帶來好消息，買進！

2-1-1　之前有一定跌幅，做空動能已有效釋放

　　早晨之星也可稱為希望之星，是具有轉折意義和啟動上漲訊號的強勢 K 線組合。

❖ 組合分析

　　早晨之星一般在一波下跌趨勢的底部，或低位或上漲行情的初期出現。股價在出現早晨之星之前，已經有一定跌幅，做空動能得到了有效釋放。

　　早晨之星 K 線組合由三根 K 線組合形成。第一根 K 線是陰線，且陰線實體比較長；第二根 K 線是向下跳空的十字星，既可以是一根帶上下影線的小陽線、小陰線或者十字星（十字線）；也可以是十字星（線）的變體，比如小螺旋槳 K 線、小 T 字線（倒 T 字線）、小錘頭線（倒錘頭線）等帶上下影線的 K 線。

　　第三根 K 線是一根實體較大的陽線，收盤價一定要超過第二根向下跳空十字星（線）的最高價，同時要深入到第一根陰 K 線實體之內的一半以上，且成交量要有效放大。

　　嚴格來說，早晨之星形成於底部或低位，不應該屬於強勢 K 線組

合。但它是希望的開啟，是黑暗道路盡頭的指路明燈，預示下跌走勢終止。是一種典型的反彈（反轉）訊號，也是強勢 K 線走勢的開端，所以意義十分重大。

❖ 實戰運用

圖 2-1 是科達利 2021 年 4 月 14 日的 K 線走勢圖。將該個股 K 線走勢縮小後可以看出，此時處於上升趨勢中。股價從前期相對高位 2021 年 1 月 4 日的最高價 103.39 元，經過 2 個多月的震盪下跌。至 3 月 25 日最低價 59.02 元止跌，成交量呈持續萎縮狀態，下跌時間雖短但跌幅較大。

3 月 25 日止跌後，主力機構展開震盪整理行情，進一步洗盤吸籌。作為處於上升行情中的個股，此次下跌整理幅度大，洗盤比較徹底，主力

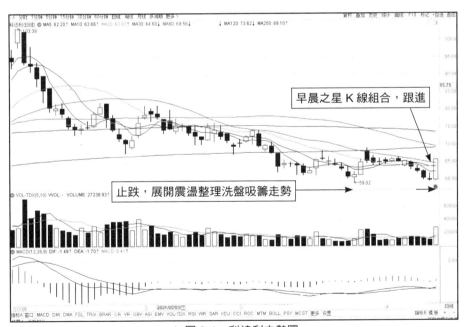

▲ 圖 2-1　科達利走勢圖

機構籌碼集中度高，控盤比較到位。股價震盪整理（也可以視為再次下跌調整洗盤）至 4 月 12、13、14 日，三根 K 線形成早晨之星 K 線組合。

尤其是第三根 K 線是大陽線漲停板收盤，一陽吞 4 陰，成交量較前一交易日放大近 3 倍，強勢特徵非常明顯。像這種情況，投資人可以在當日或次日，逢低買進籌碼。

圖 2-2 是科達利 2021 年 4 月 26 日的 K 線走勢圖。從 K 線走勢可以看出，該股 4 月 14 日早晨之星 K 線組合形成後，走出一波上漲行情。如果投資人能在形成早晨之星 K 線組合的次日，即 15 日（從分時走勢看，當日該股略開高後就震盪上行，想進場的話還是有很多機會）進場逢低買入的話，收益還是不錯的。

4 月 26 日當日，該股收出一根帶上下影線的螺旋槳陰 K 線，顯示主

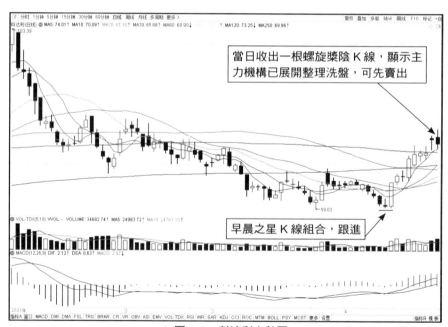

▲ 圖 2-2　科達利走勢圖

力機構調整洗盤已經展開，投資人可以在當日或次日逢高先賣出手中籌碼，待調整到位後再接回來。上班族沒有時間盯盤的話，也可以一直持有，因為個股整體處於上升趨勢，強勢特徵明顯，短期內向上的趨勢不會改變。

圖 2-3 是科達利 2021 年 5 月 19 日的 K 線走勢圖。可以看出，該股從 4 月 26 日收出帶上下影線的螺旋槳陰 K 線後，主力機構展開一波縮量下跌整理洗盤行情。

5 月 19 日當日，個股開低收出一根帶上下影線的大陽線，突破前高，成交量較前一交易日放大3倍多，下跌整理行情結束。當日股價突破5 日、10 日、30 日和 60 日均線（一陽穿 4 線），20 日、90 日、120 日均線即將走平，250 日均線魁頭向上。均線蛟龍出海型態形成，短期均線呈

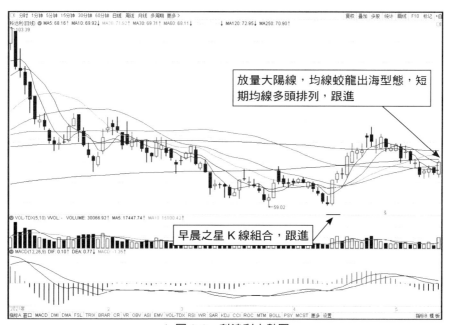

放量大陽線，均線蛟龍出海型態，短期均線多頭排列，跟進

早晨之星 K 線組合，跟進

▲ 圖 2-3 科達利走勢圖

多頭排列，股價的強勢特徵已經顯現，新的一波上漲行情已經啟動。像這種情況，投資人可以在當日或次日進場，買進或加倉買進籌碼。

圖 2-4 是科達利 2021 年 7 月 8 日的 K 線走勢圖。從 K 線走勢可以看出，5 月 19 日，該股收出一根放量大陽線（一陽穿 4 線），形成均線蛟龍出海型態之後，主力機構開啟一波震盪上升行情。

7 月 8 日當日，主力機構開高收出一個大陽線漲停板，突破前高，成交量較前一交易日明顯放大。此時，短、中、長期均線呈多頭排列，MACD、KDJ 等其他技術指標走強，股價的強勢特徵已經十分明顯，主力機構快速拉升行情已經開啟。像這種情況，投資人可以在當日或次日加倉買進籌碼，待股價出現明顯頭部特徵後再賣出。

圖 2-5 是京山輕機 2021 年 2 月 9 日的 K 線走勢圖。將該個股 K 線走勢進行縮小後可以看出，此時整體處於上升趨勢中。

股價從前期相對高位 2021 年 1 月 4 日的最高價 11.41 元，經過 1 個多

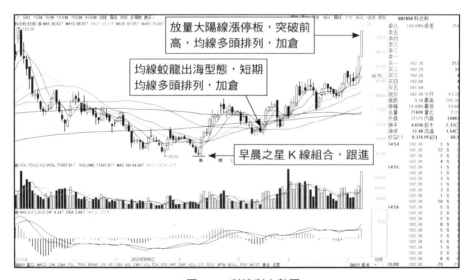

▲ 圖 2-4　科達利走勢圖

月震盪下跌，至 2 月 8 日最低價 6.41 元止跌，成交量呈持續萎縮狀態。尤其是下跌整理後期，主力機構利用大盤走勢疲軟的契機，連續打壓股價。作為處於上升趨勢中的個股，此次整理洗盤下跌時間雖短，但跌幅較大洗盤比較徹底，主力機構籌碼集中度較高，控盤比較到位。

　　從 K 線走勢看，以下跌末期 2 月 8 日止跌的陰十字線為星線，組合前後的陰陽 K 線，即形成早晨之星 K 線組合。2 月 5 日第一根 K 線是實體較長帶上下影線的陰線，2 月 9 日第三根 K 線是一根實體較長的中陽線，收盤價超過第二根向下跳空陰十字線的最高價，同時深入到第一根陰 K 線實體之內的一半以上，且成交量有效放大，股價的強勢特徵已經顯現。像這種情況，投資人可以在當日或次日進場，逢低買進籌碼。

　　圖 2-6 是京山輕機 2021 年 8 月 31 日的 K 線走勢圖。從圖中可以看

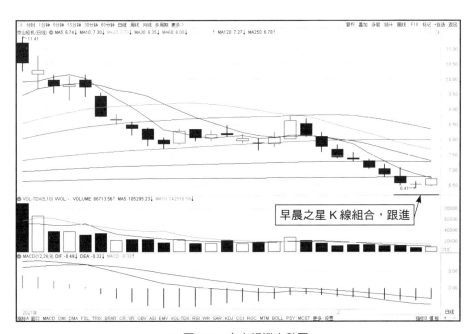

▲ 圖 2-5　京山輕機走勢圖

出，該股 2 月 9 日早晨之星 K 線組合形成後，走出一波緩慢的震盪盤升行情。在股價震盪盤升期間，做短線的投資人可以高賣低買做差價，上班族或沒有時間盯盤的投資人，可以一直持股待漲。

8 月 31 日當日該個股開低回落，收出一根實體較長略帶上下影線的大陰線，跌幅為 8.31%，成交量較前一交易日萎縮，股價跌破 5 日均線，明顯是主力機構高位出貨。

此時 5 日均線拐頭向下，MACD、KDJ 等其他技術指標開始走弱，股價的弱勢特徵已經顯現。像這種情況，投資人手中如果還有當天沒有出完的籌碼，次日一定要逢高賣出。

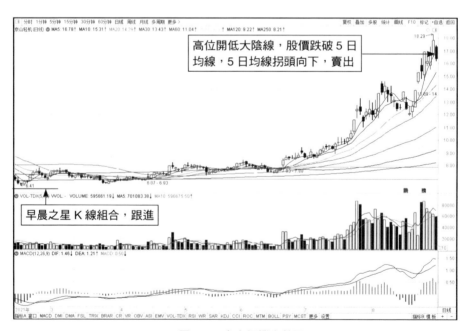

▲ 圖 2-6　京山輕機走勢圖

圖 2-7 是思瑞浦 2021 年 5 月 12 日的 K 線走勢圖。這是一支 2020 年 9 月 21 日上市的次新股，將該個股 K 線走勢縮小後可以看出，此時整體處於上升趨勢。股價從前期最高位 2021 年 2 月 18 日的最高價 600.01 元，經過 1 個多月震盪下跌，至 3 月 25 日最低價 326.00 元止跌，成交量呈持續萎縮狀態，下跌時間雖短但跌幅大。

2021 年 3 月 25 日止跌後，主力機構展開震盪整理行情，進一步洗盤吸籌。震盪整理行情（也可以視為主力機構整理之後的挖坑）持續至 5 月 10 日、11 日、12 日，三根 K 線形成早晨之星 K 線組合。

5 月 10 日第一根 K 線是實體較長帶上下影線的陰線，5 月 12 日第三根 K 線是一根實體較長的陽線，收盤價超過第二根向下跳空陰十字線的最高價，同時深入到第一根陰 K 線實體之內的一半以上，且成交量有效

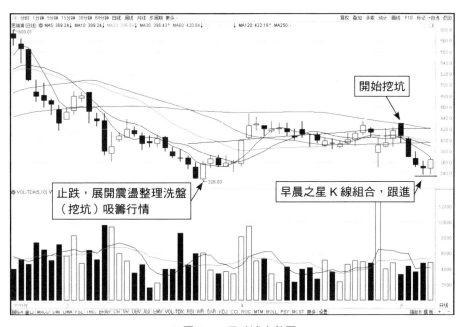

▲ 圖 2-7 　思瑞浦走勢圖

放大，股價的強勢特徵已經顯現。像這種情況，投資人可以在當日或次日進場，逢低買進籌碼。

圖 2-8 是思瑞浦 2021 年 7 月 9 日的 K 線走勢圖。從 K 線走勢可以看出，該股 5 月 12 日早晨之星 K 線組合形成後，主力機構快速推升股價，突破成本區，然後採取盤中洗盤的操盤手法，展開震盪盤升行情。7 月 5 日拉出一根放量大陽線，啟動快速拉升行情。

7 月 9 日當日該股開低，收出一根實體很小的長下影線錘頭陰 K 線（高位實體很小的錘頭線，又稱之為上吊線或吊頸線），成交量較前一交易日放大，明顯是主力機構在高位出貨。此時，股價遠離 30 日均線且漲幅較大，KDJ 等部分技術指標已經走弱，股價的弱勢特徵已經顯現。像這種情況，投資人手中如果還有當天沒有出完的籌碼，次日要逢高賣出。

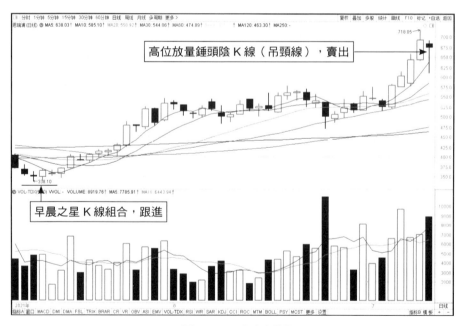

▲ 圖 2-8　思瑞浦走勢圖

　　圖 2-9 是楚江新材 2021 年 4 月 14 日的 K 線走勢圖。將該個股 K 線走勢縮小後可以看出，此時該股整體處於上升趨勢。股價從前期相對高位 2020 年 7 月 13 日的最高價 11.53 元，一路震盪下跌至 2021 年 3 月 31 日最低價 7.05 元止跌，成交量呈持續萎縮狀態，下跌時間較長、跌幅較大。

　　2021 年 3 月 31 日止跌後，主力機構展開震盪整理行情，進一步洗盤吸籌。作為處於上升行情中的個股，此次下跌整理幅度大洗盤較徹底，主力機構籌碼集中度高，控盤較到位。4 月 12、13、14 日，三根 K 線形成早晨之星 K 線組合。

　　4 月 12 日第一根 K 線是實體較長帶上下影線的中陰線，4 月 14 日第三根 K 線是一根向上跳空開高長上影線大陽線，吞沒第二根向下跳空陰十字線和第　根陰 K 線，成交量較前一交易日放大 3 倍多，股價的強勢特徵已

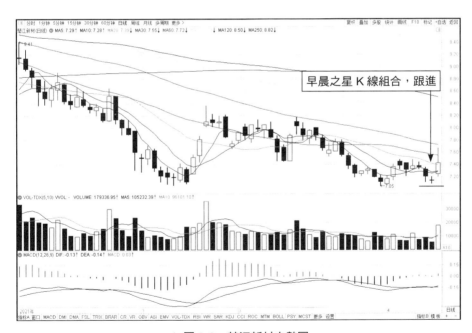

▲ 圖 2-9　楚江新材走勢圖

經顯現。像這種情況，投資人可以在當日或次日進場，逢低買進籌碼。

圖 2-10 是楚江新材 2021 年 8 月 31 日的 K 線走勢圖。從 K 線走勢可以看出，該股 4 月 14 日早晨之星 K 線組合形成後，主力機構展開持續震盪盤升行情。震盪盤升期間，震盪整理幅度較小，整體走勢比較順暢。8 月 26 日，主力展開快速拉升行情。

8 月 31 日當日，該股開高衝高回落，收出一根實體很小帶長上下影線的螺旋槳陽 K 線（高位螺旋槳 K 線，又稱為變盤線或轉勢線），成交量較前一交易日放大，明顯是主力機構利用開高、盤中拉高以及高位震盪出貨。此時，股價遠離 30 日均線且漲幅較大，KDJ 等部分技術指標已經走弱，股價的弱勢特徵已經顯現。像這種情況，投資人手中如果還有當天沒有出完的籌碼，次日要逢高賣出。

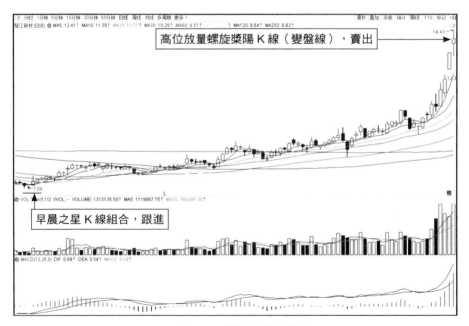

▲ 圖 2-10　楚江新材走勢圖

2-1-2 主力不會快速啟動行情，要耐心持股

實戰操盤中，由於各主力機構操盤手的操盤風格和手法各不相同，導致目標股票在震盪洗盤吸籌、拉升時間節點，以及拉升幅度等方面的節奏各不相同。當個股走勢出現早晨之星 K 線組合後，主力機構不一定馬上啟動快速上漲行情，大部分是最初幾天股價快速上漲脫離成本區，然後展開震盪整理洗盤吸籌行情，或是展開震盪盤升（兼顧洗盤吸籌）行情，以考驗投資人的耐心。

尤其是已經進場或之前被套牢的投資人，要堅定信心、耐心持股，不要被主力機構的障眼法遮蔽眼睛。當然，做短線的投資人，也可以在股價震盪整理期間收出長上影線 K 線（尤其是放量長上影線 K 線）時，先逢高賣出籌碼，待回檔到位後再接回來。

上述實戰案例啟示我們，實戰操盤中要善於抓住那些在上升趨勢中整理洗盤結束、已經形成上漲 K 線組合型態的個股，分析後擇機進場。

這就需要平時要注重盯盤、善於觀察。可以利用每天收盤後，或抽出假日的時間，瀏覽一下那些前期跌幅較大、已經處於上升趨勢的個股。尋找那些即將形成，或者已經形成早晨之星等 K 線組合的個股，將其拉入自選股，結合其他技術指標綜合分析後，再做出是否進場的決定。

紅三兵 K 線組合
代表後市看漲，買進！

2-2-1　是投資人可信任的買入訊號

紅三兵也可稱之為前行三兵，意思就是開路先鋒，是在低位或上漲途中出現的一種強勢 K 線組合。

❖ 組合分析

紅三兵是一種強烈反轉（變盤），或繼續上攻且具積極做多意義的 K 線組合，它代表一種上漲的態勢，是比較可信的買入訊號。由三根股價連續創出新高的小陽線組成，三根小陽線依次上漲，每一根的收盤價都要高於前一交易日的收盤價，且開盤價要在前一交易日的陽線實體內，形成穩步上升的態勢。

這三根小陽線有沒有上下影線都可以，但第三根小陽線的上下影線不能太長，如果上下影線太長，會導致紅三兵 K 線組合型態的看漲意義變弱。紅三兵是操盤中常見到的 K 線組合，當紅三兵 K 線組合出現且成交量呈溫和放大時，後市一般都有一波上漲行情。

❖ 實戰運用

圖 2-11 是西菱動力 2021 年 4 月 23 日的 K 線走勢圖。將整個 K 線走勢縮小後可以看出，該股前期有過一波大漲。股價從前期相對高位 2020年 10 月 12 日的最高價 29.00 元，一路震盪下跌至 2021 年 2 月 10 日最低價 15.50 元止跌，成交量呈持續萎縮狀態，下跌時間雖然不是太長，但跌幅較大。之後主力機構展開震盪整理行情，進一步洗盤吸籌。

4 月 21、22、23 日，三根股價連續創出新高的小陽線，形成紅三兵 K線組合。三根小陽線依次上漲，每一根小陽線的收盤價都高於前一交易日收盤價。且開盤價在前一交易日的陽線實體內，形成穩步上升態勢，成交量呈溫和放大狀態，股價的強勢特徵已經顯現，意味著個股將展開一波上漲行情。像這種情況，投資人可以在當日或次日進場，逢低買進籌碼。

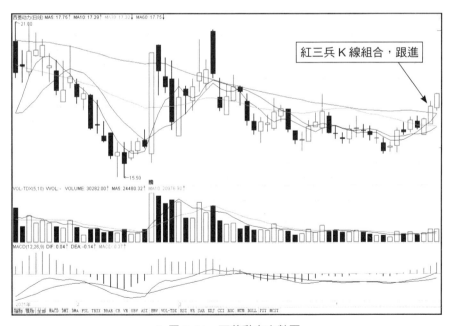

▲ 圖 2-11　西菱動力走勢圖

　　圖 2-12 是西菱動力 2021 年 5 月 31 日的 K 線走勢圖。從 K 線走勢可以看出，該股 4 月 23 日形成紅三兵 K 線組合後，主力機構展開一波震盪盤升行情。震盪盤升期間，股價基本上依托 10 日均線上行，震盪整理幅度較小，整體走勢還算順暢。

　　5 月 31 日當日該股開高，收出一根實體很小的長下影線錘頭陽 K 線（高位或相對高位實體很小的錘頭線，又稱之為上吊線或吊頸線）。成交量較前一交易日萎縮，明顯是主力機構利用開高衝高及高位震盪吸引跟風盤出貨，此時股價離 30 日均線較遠。像這種情況，投資人手中如果還有當天沒有出完的籌碼，次日要逢高先賣出，可繼續追蹤觀察，待整理到位後再跟進。

　　圖 2-13 是金安國紀 2021 年 2 月 10 日的 K 線走勢圖。將 K 線走勢縮小

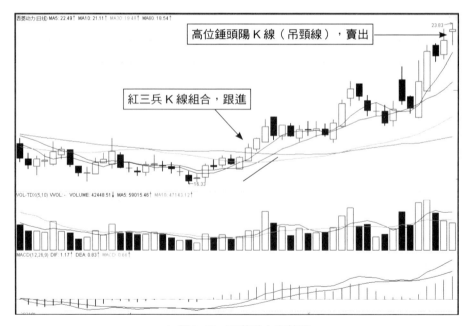

▲ 圖 2-12　西菱動力走勢圖

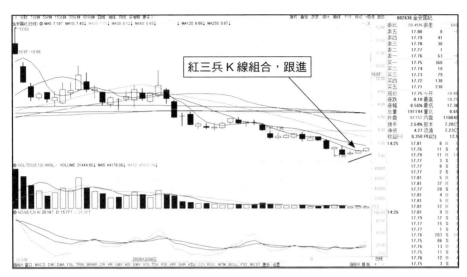

紅三兵 K 線組合，跟進

▲ 圖 2-13 金安國紀走勢圖

後可以看出，該股 2015 年上半年有過一波大漲，然後一直處於大幅橫盤震盪中。股價從前期相對高位 2020 年 12 月 8 日的最高價 12.19 元，一路震盪下跌至 2021 年 2 月 4 日最低價 7.00 元止跌，成交量呈持續萎縮狀態，下跌時間雖然不是太長，但跌幅較大。

2021 年 2 月 4 日股價止跌後，2 月 5 日整理了一個交易日，2 月 8 日、9 日、10 日，三根股價連續創出新高的小陽線形成紅三兵 K 線組合。三根小陽線依次上漲，每一根小陽線的收盤價，都高於前一交易日收盤價。且開盤價在前一交易日的陽線實體內，形成穩步上升態勢，成交量呈溫和放大狀態，股價的強勢特徵已經顯現，意味著個股將展開一波上升行情。像這種情況，投資人可以在當日或次日進場，逢低買進籌碼。

圖 2-14 是金安國紀 2021 年 7 月 12 日的 K 線走勢圖。從 K 線走勢可以看出，該股 2 月 10 日形成紅三兵 K 線組合後，主力機構展開持續震盪盤升行情。震盪盤升期間，股價依托 30 日均線展開多次整理洗盤，且整理

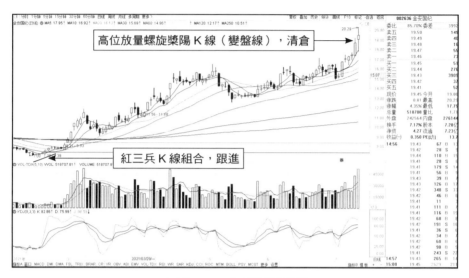

▲ 圖 2-14　金安國紀走勢圖

幅度較大，但沒有跌破 60 日均線。

7 月 12 日當天該股開高，收出一根實體很小、帶長上下影線的螺旋槳陽 K 線（高位螺旋槳 K 線又稱為變盤線或轉勢線），成交量較前一交易日放大，明顯是主力機構利用開高、盤中拉高吸引跟風盤出貨。

此時，KDJ 等部分技術指標已經走弱，顯現股價的弱勢特徵。像這種情況，投資人手中如果還有當天沒有出完的籌碼，次日一定要逢高清倉。

圖 2-15 是泰晶科技 2021 年 6 月 7 日的 K 線走勢圖，這是股價在上漲途中出現紅三兵 K 線組合的實戰案例。將 K 線走勢縮小後可以看出，此時該股整體處於上升趨勢中。

股價從前期相對高位 2020 年 2 月 25 日的最高價 37.69 元，一路震盪下跌至 2021 年 2 月 8 日最低價 17.08 元止跌，成交量呈持續萎縮狀態，下跌時間較長、跌幅大。期間有過多次反彈，且反彈幅度較大。

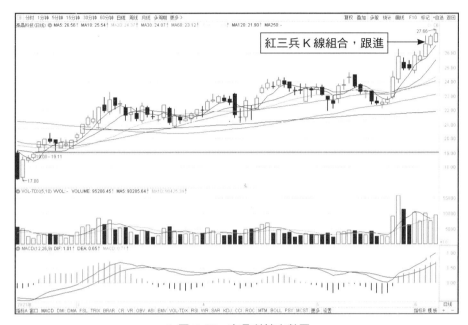

▲ 圖 2-15　泰晶科技走勢圖

　　2021 年 2 月 8 日止跌後，主力機構快速推升股價，收集籌碼，然後展開震盪盤升行情。6 月 3 日、4 日、7 日，三根股價連續創出新高的小陽線，形成紅三兵 K 線組合。三根小陽線依次上漲，每一根小陽線的收盤價都高於前一交易日收盤價，且開盤價在前一交易日的陽線實體內，形成穩步上升態勢，成交量呈放大狀態。

　　此時短中長期均線呈多頭排列，其他各項技術指標已經走強，股價的強勢特徵非常明顯，意味著個股將展開一波上漲行情。像這種情況，投資人可以在當日或次日進場，逢低買進籌碼。

　　圖 2-16 是泰晶科技 2021 年 7 月 15 日的 K 線走勢圖。可以看出，該股6 月 7 日形成紅三兵 K 線組合後，主力機構從 6 月 8 日開始展開加速上漲行情。股價依托 5 日均線上行，沒有跌破 10 日均線，整體走勢順暢。從 7

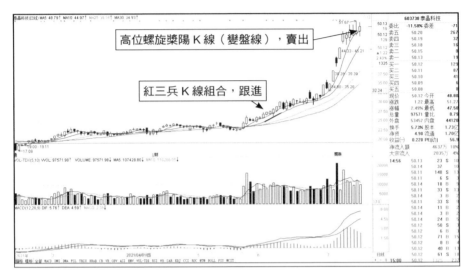

▲ 圖 2-16　泰晶科技走勢圖

月 9 日開始，股價上漲顯得乏力，連續收出帶上下影線的螺旋槳 K 線和倒錘頭 K 線。

　　7 月 15 日當天該股開低，收出一根實體較小帶上下影線的螺旋槳陽 K 線（高位螺旋槳 K 線又稱之為變盤線或轉勢線）。成交量較前一交易日萎縮，結合前幾個交易日收出的螺旋槳 K 線和倒錘頭 K 線來看，應該是主力機構利用高位盤整、吸引跟風盤震盪出貨。像這種情況，投資人手中如果還有當天沒有出完的籌碼，次日一定要逢高賣出。

　　圖 2-17 是鋼研高納 2021 年 5 月 20 日的 K 線走勢圖，這是股價處於上漲過程中，出現紅三兵 K 線組合的實戰案例。將 K 線走勢縮小後可以看出，該股從前期最低價 2018 年 2 月 9 日的 8.09 元，一路震盪上升至 2021 年 1 月 5 日最高價 39.39 元，展開下跌整理洗盤。至 2021 年 4 月 13 日最低價 21.13 元止跌，回檔洗盤結束，成交量呈持續萎縮狀態，下跌整理洗盤時間雖然不是太長，但跌幅較大。

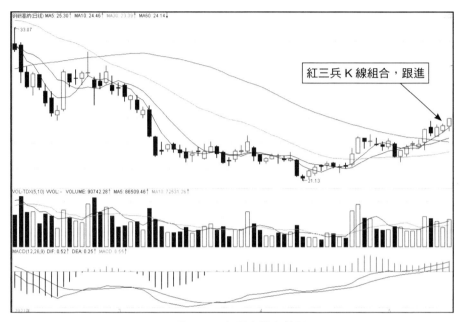

▲ 圖 2-17　鋼研高納走勢圖

　　2021 年 4 月 13 日止跌後，主力機構快速推升股價，收集籌碼，然後展開震盪盤升行情。5 月 18 日、19 日、20 日，三根股價連續創出新高的小陽線形成紅三兵 K 線組合。三根小陽線依次上漲，每一根小陽線的收盤價都高於前一交易日收盤價，且開盤價在前一交易日的陽線實體內，形成穩步上升態勢，成交量呈放大狀態。

　　此時短期均線呈多頭排列，其他各項技術指標逐步走強，股價的強勢特徵已經顯現，意味著個股將展開一波上漲行情。像這種情況，投資人可以在當日或次日進場，逢低買進籌碼。

　　圖 2-18 是鋼研高納 2021 年 8 月 10 日的 K 線走勢圖。可以看出，該股 5 月 20 日形成紅三兵 K 線組合後，主力機構展開一波加速上漲行情。股價基本上依托 10 日均線上行，期間有兩次較大幅度的整理洗盤，股價多次

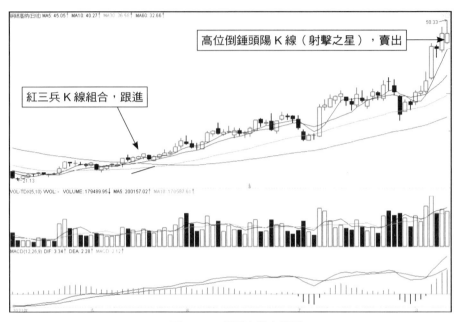

▲ 圖 2-18　鋼研高納走勢圖

跌破 30 日均線均收回，整體上升走勢順暢。

8 月 10 日截圖當日，個股大幅開低衝高回落，收出一根高位倒錘頭陽 K 線（高位倒錘頭 K 線，又稱為射擊之星或流星線）。成交量較前一交易日萎縮，透露出主力機構盤中拉高，引誘跟風盤出貨的痕跡。同時意味著個股經過大幅上漲後股價上行壓力大，已顯乏力和疲弱，有整理需求。

此時，股價遠離 30 日均線且漲幅較大，KDJ 等部分技術指標已經走弱，顯現股價的弱勢特徵。像這種情況，投資人如果手中還有當天沒有出完的籌碼，次日要逢高賣出。

圖 2-19 是西藏城投 2021 年 1 月 13 日的 K 線走勢圖，這也是股價持續上漲過程中出現紅三兵 K 線組合的實戰案例。將 K 線走勢縮小後可以看出，該股從前期最低價 2020 年 2 月 4 日的 4.66 元，一路大幅震盪盤升至

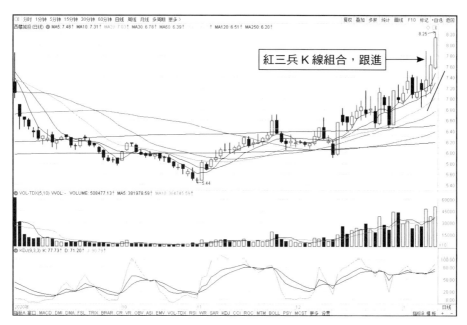

▲ 圖 2-19　西藏城投走勢圖

2020 年 8 月 19 日的最高價 8.03 元，然後展開下跌整理洗盤。至 2020 年 11 月 2 日最低價 5.44 元止跌，成交量呈持續萎縮狀態，下跌整理洗盤時間雖然不是很長，但跌幅較大。

　　2020 年 11 月 2 日止跌後，主力機構快速推升股價，收集籌碼，然後展開震盪盤升行情。2021 年 1 月 11 日、12 日、13 日，三根股價連續創出新高的小陽線形成紅三兵 K 線組合。三根小陽線依次上漲，每一根小陽線的收盤價都高於前一交易日收盤價，且開盤價在前一交易日的陽線實體內，形成穩步上升態勢，成交量呈放大狀態。

　　此時短中長期均線呈多頭排列，其他各項技術指標已經走強，股價的強勢特徵十分明顯，意味著個股將繼續展開上漲行情。像這種情況，投資人可以在當日或次日進場，逢低買進籌碼。

圖 2-20 是西藏城投 2021 年 9 月 1 日的 K 線走勢圖。可以看出，該股 1 月 13 日形成紅三兵 K 線組合後，主力機構展開持續震盪盤升行情。股價基本上依托 10 日均線波浪式上升，期間整理幅度也不是很大，整體上升走勢順暢。從 8 月 18 日開始，主力機構展開快速拉升行情，意味著股價即將見頂。

9 月 1 日當日，該股股價開低，收出一根實體較小、帶長上下影線的螺旋槳陽 K 線（高位螺旋槳 K 線，又稱為變盤線或轉勢線）。成交量較前一交易日放大，明顯是主力機構利用盤中拉高，以及高位震盪來吸引跟風盤出貨。

此時，股價遠離 30 日均線且漲幅大，KDJ 等部分技術指標已經走

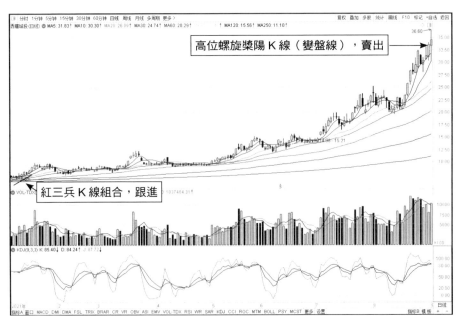

▲ 圖 2-20　西藏城投走勢圖

弱，股價的弱勢特徵已經顯現。像這種情況，投資人手中如果還有當天沒出完的籌碼，次日要逢高賣出。

2-2-2 最佳買入時機，為突破此型態的最高點

關於紅三兵 K 線組合的進場買入時機，最好選擇在股價突破紅三兵 K 線組合的最高點。在買入的同時，還應該把紅三兵 K 線組合的最低點，設為停損位。

投資人還應注意，底部紅三兵或上升趨勢中形成的紅三兵 K 線組合，溫和放量後，出現橫盤震盪的機率也很大。所以，個股在走勢中出現紅三兵 K 線組合後，投資人也可以先觀察一下，若主力機構放量上漲，則可大膽進場買入籌碼。

另外，三個白色武士 K 線組合，與紅三兵 K 線組合在型態上很相似。但三個白色武士 K 線組合收出的三根小陽線，均為光頭小陽線，代表股價走勢強勁，發出的買入訊號比紅三兵 K 線組合要更加強烈。

因此，如果個股在走勢中出現三個白色武士 K 線組合後，投資人可以密切追蹤關注，做好隨時進場的準備。

第 3 課

技巧篇

這兩種組合出現時可追漲，但要小心主力陷阱

兩陽夾一陰 K 線組合，
表示多方力量已就位

3-1-1　看到此種 K 線組合，可積極跟緊主力買進

　　兩陽夾一陰 K 線組合，也可稱之為多方炮 K 線組合，意思就是多方力量的炮兵已就位、炮彈已上膛，開始組織大規模進攻了。

❖ 組合分析

　　兩陽夾一陰 K 線組合，是一種股價在上漲途中出現的 K 線組合，也是一種繼續上攻且具繼續做多意義的 K 線組合。它代表一種持續看多的態勢，表示後市將繼續看漲，是比較可信的買入或加倉訊號。

　　兩陽夾一陰 K 線組合的構建過程，屬於主力機構的震倉換擋加油行為。這種 K 線組合由三根 K 線組成，第一根 K 線和第三根 K 線均為陽線，第二根 K 線為陰線，且這根陰線完全被前後兩根陽線所包夾。

　　一般情況下，第一根陽線是延續之前上漲勢頭的中陽以上 K 線，第二根陰線其實體置於第一根陽線的實體之內，第三根陽線實體包含了第二根陰線的實體部分，且其收盤價高於第一根陽線的收盤價。

　　兩陽夾一陰 K 線是一種典型的強勢上攻態勢，也是實戰中常見且實用的 K 線組合。股諺有「兩陽夾一陰，看漲可放心」的說法，操盤過程中若發現這種 K 線組合，投資人短線可積極進場買進，或加倉買進籌碼。

❖ **實戰運用**

　　圖 3-1 是石英股份 2021 年 5 月 31 日的 K 線走勢圖。將 K 線走勢縮小後可以看出，此時該股整體處於上升趨勢中。股價從前期相對高位 2020 年 2 月 19 日的最高價 34.03 元，一路震盪下跌，至 2021 年 3 月 9 日最低價 16.36 元止跌，下跌時間長、跌幅大。期間有過多次反彈，且反彈幅度較大，均為主力機構高賣低買、大幅洗盤所為。

　　2021 年 3 月 9 日止跌後，主力機構展開橫盤震盪整理行情，繼續洗盤吸籌，K 線走勢紅多綠少，紅肥綠瘦。

　　5 月 27 日、28 日、31 日，三根 K 線形成兩陽夾一陰 K 線組合。27 日第一根陽線是繼 24、25、26 日，收出三根小陽線延續上漲勢頭的大陽

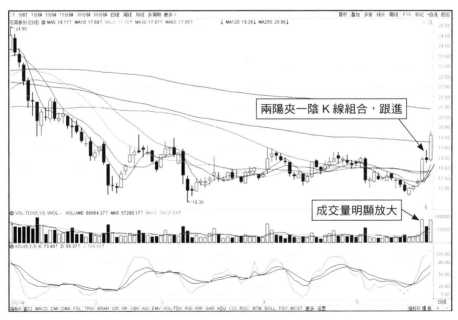

▲ 圖 3-1　石英股份走勢圖

線，成交量較前一交易日放大 3 倍多。31 日第三根大陽線完全吞沒 28 日第二根陰十字星，且成交量較前一交易日明顯放大，意味著多方已展開攻勢。

此時，股價已經突破除 250 日均線之外的所有均線，短中期均線呈多頭排列，股價的強勢特徵相當明顯，個股即將展開一波上升行情。像這種情況，投資人可以在當日或次日進場，逢低加倉買進籌碼。

圖 3-2 是石英股份 2021 年 8 月 31 日的 K 線走勢圖。從 K 線走勢可以看出，該股 5 月 31 日形成兩陽夾一陰 K 線組合後，主力機構展開震盪盤升行情。股價基本上依托 10 日均線緩慢上升，期間有一次較大幅度的整理，股價向下跌（刺）破 30 日均線收回，其他小整理都是盤中洗盤，整體上升走勢順暢。從 8 月 23 日開始，主力機構展開一波快速拉升行情。

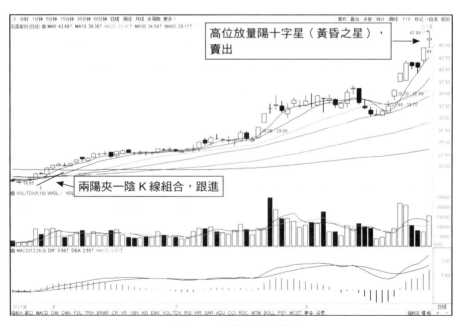

▲ 圖 3-2　石英股份走勢圖

　　8 月 31 日當日，當天該股跳空開高衝高回落，收出一顆陽十字星 K 線（高位十字星又稱為黃昏之星），留下向上跳空缺口。成交量較前一交易日放大 2 倍多，當日應該有部分獲利籌碼在高位出貨，主力機構回檔洗盤已經展開。像這種情況，投資人手中如果還有當天沒有出完的籌碼，次日應該逢高先賣出，待整理到位後再接回。

　　圖 3-3 是杉杉股份 2021 年 4 月 21 日的 K 線走勢圖。將 K 線走勢縮小後可以看出，此時該股整體處於上升趨勢中。股價從前期相對高位 2018年 5 月 21 日的最高價 23.66 元，一路震盪下跌，至 2019 年 6 月 4 日最低價 9.61 元止跌。下跌時間較長、跌幅大，期間有過多次反彈，且反彈幅度較大。

　　2019 年 6 月 4 日止跌後，主力機構展開長期的大幅震盪整理行情，高

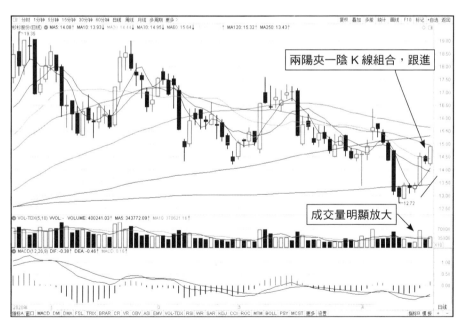

▲ 圖 3-3　杉杉股份走勢圖

賣低買賺取差價獲利與洗盤吸籌並舉，折磨和考驗投資人的信心和耐力。

2021 年 4 月 19 日、20 日、21 日，三根 K 線形成兩陽夾一陰 K 線組合。19 日第一根陽 K 線，是繼 16 日收出小陽線之後的延續上漲行情的大陽線，成交量較前一交易日明顯放大。

21 日第三根陽 K 線，完全吞沒 20 日的第二根陰十字星，且成交量較前一交易日明顯放大，意味著多方力量已蓄勢完畢，個股將展開一波上攻行情。像這種情況，投資人可以在當日或次日進場，逢低買進籌碼。

圖 3-4 是杉杉股份 2021 年 7 月 16 日的 K 線走勢圖。從 K 線走勢可以看出，該股 4 月 21 日形成兩陽夾一陰 K 線組合後，主力機構展開一波震盪上漲行情。股價基本上依托 10 日均線緩慢上行，期間有幾次小幅整理，沒有跌破 30 日均線。從 7 月 7 日開始，主力機構展開快速拉升行情，

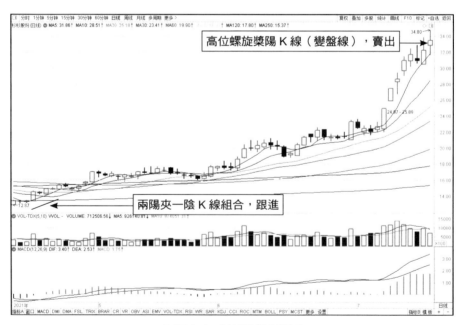

▲ 圖 3-4　杉杉股份走勢圖

整個上升走勢順暢。

　　7月16日當日，該股跳空開高衝高回落，收出一根實體較小、帶長上下影線的螺旋槳陽K線（高位螺旋槳K線，又稱為變盤線或轉勢線），成交量較前一交易日萎縮。

　　此時，股價遠離30日均線且漲幅大，KDJ等部分技術指標有走弱的跡象。從當日分時走勢看，應該有部分獲利籌碼，利用拉高和股價高位震盪的時機出逃，主力機構有整理的跡象。像這種情況，投資人手中如果還有當天沒有出完的籌碼，次日應該逢高先賣出。可繼續追蹤觀察。

　　圖3-5是歐科藝2021年2月24日的K線走勢圖。該股是一支2020年12月10日上市交易的次新股，由於當時大盤走勢不盡如人意，上市當日40.18元開盤，最高衝到47.00元，當日收盤42.39元，次日開始整理下跌。作為新股第一天上市，與往日新股上市相比，漲幅確實有點不盡如人意。當然，或許是主力機構有意為之，準備在打壓洗盤吸籌之後，再視大盤情況尋機拉升。

　　該股2021年2月4日探至最低價23.13元止跌，橫盤數日後主力機構開始推升股價，於2月22、23、24日，三根K線形成兩陽夾一陰K線組合。22日第一根陽線，是繼19日收出中陽線之後，延續上漲勢頭的大陽線，成交量較前一交易日放大近3倍。24日第三根陽線完全吞沒23日的第二根陰十字星，成交量較前一交易日放大2倍多，且22日第一根陽線跳空開高的缺口沒有回補，成為向上跳空突破缺口。

　　此時，短期均線呈多頭排列，MACD、KDJ等各項技術指標走強，股價的強勢特徵已經顯現，意味著主力機構將展開一波上攻行情。像這種情況，投資人可以在當天收盤前追入，或在次日積極進場，逢低買進籌碼，個股整體趨勢上行比較明朗，介入後獲利的機率會大於風險。

　　圖3-6是歐科藝2021年8月24日的K線走勢圖。從K線走勢可以看出，該股2月24日形成兩陽夾一陰K線組合後，主力機構展開一波快速

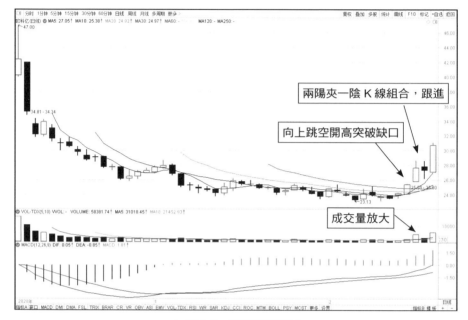

▲ 圖 3-5　歐科藝走勢圖

上漲行情，然後採取台階式推升的操盤手法，逐步拉升股價。

　　第一級台階整理結束後的 4 月 19 日、20 日、21 日，三根 K 線再次形成兩陽夾一陰 K 線組合，預示多方力量已經蓄勢完畢、展開攻勢。從走勢來看，4 次台階式推升的整理幅度較大，股價都跌破 30 日均線，但短時間內被拉回。股價基本上依托 20 日均線緩慢上行，雖然波動幅度較大，但整體上升走勢順暢。

　　8 月 24 日當日，個股跳空開高衝高回落，收出一根假陰真陽螺旋槳 K 線（高位螺旋槳 K 線，又稱為變盤線或轉勢線），成交量較前一交易日放大，明顯是主力機構利用開高、盤中大幅震盪出貨。此時，KDJ 等部分技術指標已經走弱，股價的弱勢特徵已經顯現。像這種情況，投資人手中如果還有當天沒有出完的籌碼，次日一定要逢高賣出。

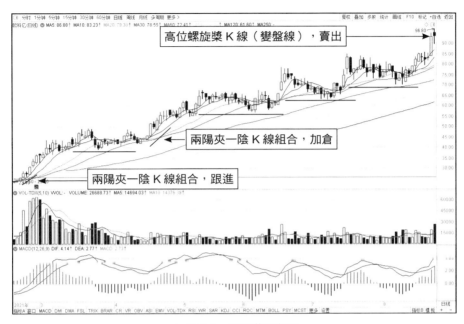

高位螺旋槳 K 線（變盤線），賣出

兩陽夾一陰 K 線組合，加倉

兩陽夾一陰 K 線組合，跟進

▲ 圖 3-6　歐科藝走勢圖

　　圖 3-7 是湖北宣化 2021 年 6 月 4 日的 K 線走勢圖。將 K 線走勢縮小後可以看出，這是股價在上漲途中出現的兩陽夾一陰 K 線組合。該股從前期相對低位 2020 年 2 月 6 日的 2.44 元，經過長時間大幅度的震盪整理和盤升，至 2021 年 6 月 2 日、3 日、4 日，形成兩陽夾一陰 K 線組合。

　　6 月 2 日的第一根陽線，是繼 6 月 1 日收出大陽線之後延續上漲勢頭的陽線。當日收盤價為 5.48 元，6 月 4 日的第三根陽線完全吞沒 3 日的第二根陰十字線，成交量較前一交易日放大近 2 倍。

　　由於該個股從相對高位 2015 年 6 月 12 日最高價 12.80 元下跌整理以來，近 6 年時間一直沒有什麼像樣的漲幅，此時兩陽夾一陰 K 線組合形成後，意味著個股將展開一波較大幅度的上派行情，像這種情況，投資人可以在當日收盤前跟進，或在次日進場，積極逢低買進籌碼，待出現明顯

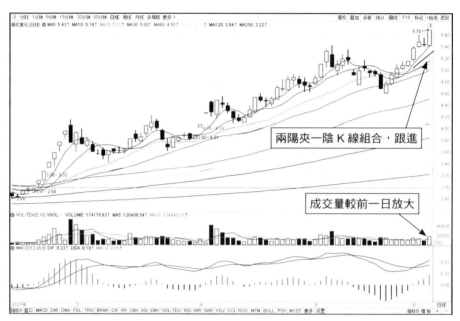

▲ 圖 3-7　湖北宣化走勢圖

頂部訊號後再撤出。

　　圖 3-8 是湖北宣化 2021 年 11 月 1 日的 K 線走勢圖。從 K 線走勢可以看出，該股 6 月 4 日形成兩陽夾一陰 K 線組合後，6 月 8 日、9 日、11 日，再次形成兩陽夾一陰 K 線組合，然後主力機構展開一波震盪上漲行情。

　　股價基本上依托 10 日均線緩慢上行，期間有兩次較大幅度的整理，股價跌破 30 日均線但短時間內被拉回。從 10 月 12 日第二次回檔洗盤到位後，主力機構展開一波快速拉升行情，整個走勢還算順暢。

　　11 月 1 日當日，個股開低衝高回落，收出一顆陽十字星 K 線（高位十字星又稱為黃昏之星），成交量較前一交易日萎縮。由前兩個交易日收出的陰陽十字星來看，應該是主力機構利用高位盤整展開悄悄出貨。此時，股價跌破 5 日均線、5 日均線拐頭向下，MACD、KDJ 等技術指標有

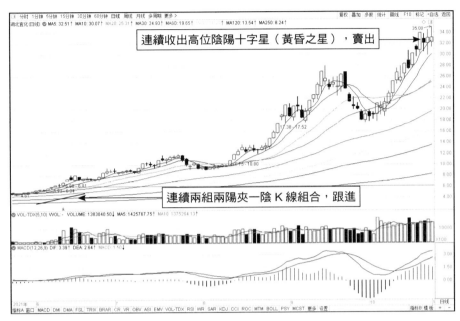

連續收出高位陰陽十字星（黃昏之星），賣出

連續兩組兩陽夾一陰 K 線組合，跟進

▲ 圖 3-8　湖北宣化走勢圖

走弱的跡象，股價的弱勢特徵已經顯現。像這種情況，投資人手中如果還有當天沒有出完的籌碼，次日一定要逢高賣出。

　　圖 3-9 是蔚藍鋰芯 2020 年 7 月 13 日的 K 線走勢圖。將 K 線走勢縮小後可以看出，股價從前期相對高位 2016 年 6 月 16 日的最高價 15.31 元，一路震盪下跌，至 2019 年 8 月 6 日最低價 3.35 元止跌。下跌時間長，跌幅大，期間有過多次反彈，且反彈幅度較大。

　　2019 年 8 月 6 日止跌後，主力機構展開大幅震盪盤升行情，收集籌碼。2020 年 2 月 24 日，個股開高衝高至 5.87 元回落，展開下跌整理洗盤行情，至 4 月 28 日最低價 3.56 元止跌，然後展開橫盤震盪整理，進一步洗盤吸籌。經過兩個多月的震盪洗盤吸籌，主力機構籌碼鎖定較好，控盤比較到位。

7月6日、7日、8日，三根K線形成一組兩陽夾一陰K線組合，且6日向上跳空開高的向上突破缺口沒有回補。9日、10日、13日，又形成一組兩陽夾一陰K線組合。加上前一組，相當於四陽夾兩陰K線組合，且每一組的第一根陽線，都是繼前一日收出陽線之後延續上漲勢頭的大陽線，第三根陽線完全吞沒第二根陰線（十字星），且兩組K線組合都是在上漲途中出現。

此時，短中長期均線呈多頭排列，MACD、KDJ等其他各項技術指標走強，股價的強勢特徵非常明顯。像這種情況，投資人可以在當日或次日進場，逢低買進或加倉買進籌碼。

圖3-10是蔚藍鋰芯2020年12月24日的K線走勢圖。從K線走勢可以看出，該股7月13日形成兩組兩陽夾一陰K線組合後，主力機構採取

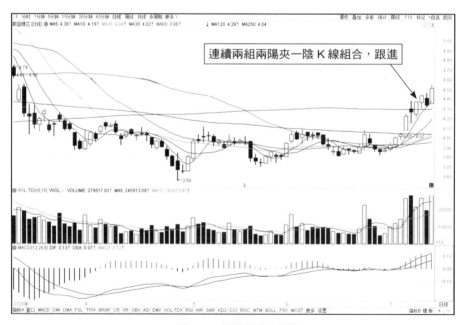

▲ 圖 3-9　蔚藍鋰芯走勢圖

小幅震盪盤升的操盤手法，緩慢推升股價。

9月28、29、30日，三根K線再次形成兩陽夾一陰K線組合，主力機構開始展開震盪上漲行情。從整體上漲走勢來看，股價基本上依托20日均線上行，期間有3次較大幅度的整理，股價多次跌（刺）破30日均線但很快收回。後期上漲雖然波動幅度較大，但整個上升走勢順暢。

12月24日當日，個股大幅跳空開高衝高回落，收出一根實體較長帶上下影線的烏雲蓋頂大陰線（烏雲蓋頂陰線，是常見的看跌反轉訊號），成交量較前一交易日放大2倍多，顯示主力機構已經開始在高位大量出貨。像這種情況，投資人如果當天手中還有籌碼沒有出完的，次日要逢高賣出。

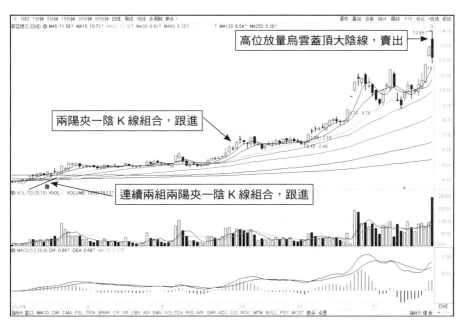

▲ 圖 3-10　蔚藍鋰芯走勢圖

3-1-2　散戶要特別注意後期走勢，別掉入主力陷阱

　　從實戰操盤看，處於上升趨勢的個股，出現兩陽夾一陰 K 線組合的機率比較大。雖然個別的兩陽夾一陰 K 線組合出現後，個股走勢會暫時進入整理狀態，但一般整理的幅度都不會太大，整體趨勢還是向上。

　　即便如此投資人還是要特別注意，觀察個股出現兩陽夾一陰 K 線組合後的個股後期走勢。如果接下來個股股價跳空上攻或繼續放量上行，則表示後市股價將有上升空間，可看多做多。

　　但如果接下來的股價沒有出現跳空上攻或繼續放量上行，則可能形成多頭陷阱。如果股價進入震盪盤整狀態還好，震盪幅度應該不會太大太深，因為主力機構不想失去手中已經收集的籌碼。就怕主力機構再次向下打壓洗盤吸籌，會出現向下破位的情形。

　　另外，由於眾多投資人對兩陽夾一陰 K 線組合比較瞭解，有時主力機構可能會反其道而行之，形成騙線。所以投資人還是要謹慎一點，哪怕是處於上升趨勢的個股，出現兩陽夾一陰 K 線組合後，最好接著觀察一下第 4 根 K 線的走向，再做出是否進場的決策。當然，經驗豐富的投資人或高手除外。

3-2

上升兩顆星 K 線出現，
主力經由「兩顆星」蓄勢待發

3-2-1　要堅定持有，等主力繼續拉升

　　上升兩顆星 K 線組合，也可稱為臨時空中加油 K 線組合。大多出現在股價上升途中，是主力機構經由這兩個交易日的蓄勢整理，或者說經由這兩顆星進行空中加油之後，繼續向上發起攻擊。

❖ 組合分析

　　上升兩顆星 K 線組合，是一種繼續上攻且具繼續做多意義的 K 線組合。它代表一種短線持續看漲的態勢，是一種比較可信的買入或加倉訊號，通常由三根 K 線組成。

　　第一根是具有突破意義的大陽線或者中陽線，成交量放大。第二和第三根 K 線是兩根（也可以是三根，即稱之為上升三顆星 K 線組合）實體較小的 K 線，基本上是並排在大陽線的上方。實體較小的 K 線可以是十字星、小陰線、小陽線等，兩顆星（或三顆星）應是依次逐漸縮量。

　　投資人可以在上升兩顆星 K 線組合後一交易日，股價突破兩顆星的高點時，積極進場買進籌碼，買進後堅定持有，等待主力機構繼續拉升。

　　無論是上升兩顆星 K 線組合還是上升三顆星 K 線組合，出現在股價上升趨勢的初期或者中期，都是比較可靠的短線進場位置和訊號。實戰

操盤中，若發現個股上升趨勢中出現這種 K 線組合，投資人可以加倉買入，有籌碼的可以繼續持股待漲，獲利會更加豐厚。

❖ **實戰運用**

圖 3-11 是雅克科技 2019 年 12 月 4 日的 K 線走勢圖。將 K 線走勢縮小後可以看出，股價從前期相對高位 2017 年 11 月 16 日的最高價 42.30 元，一路震盪下跌，至 2018 年 10 月 19 日最低價 12.59 元止跌。下跌時間較長、跌幅大，期間有過多次反彈且反彈幅度較大。

2018 年 10 月 19 日止跌後，主力機構展開大幅震盪盤升行情，高賣低買、洗盤吸籌並舉，籌碼趨於集中，控盤比較到位。

2019 年 11 月 27 日、28 日、29 日，三根 K 線形成上升兩顆星 K 線組

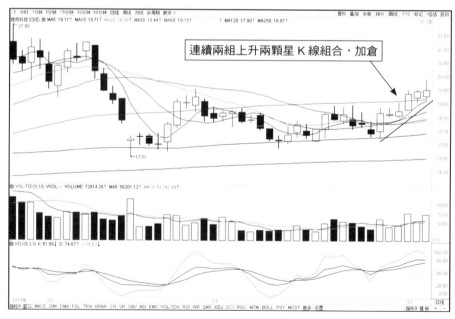

▲ 圖 3-11　雅克科技走勢圖

合。11 月 27 日第一根大陽線，成交量較前一交易日明顯放大。28 日、29日的兩顆十字星為第二、第三根 K 線，基本上並行排列在第一根大陽線的上方，並且成交量依次萎縮。12 月 2 日、3 日、4 日，三根 K 線再次形成一組上升兩顆星 K 線組合。

12 月 2 日第一根中陽線，成交量較前一交易日明顯放大。3 日、4 日的兩顆十字星為第二及第三根 K 線，基本上並行排列在第一根大陽線的上方，且成交量萎縮。兩組上升兩顆星 K 線組合形成的同時，短中長期均線呈現多頭排列狀態，MACD 等技術指標表現強勢，股價的強勢特徵非常明顯。像這種情況，投資人可以在上升兩顆星 K 線組合出現當日或次日進場逢低買進或加倉買進籌碼。

圖 3-12 是雅克科技 2020 年 2 月 20 日的 K 線走勢圖。從 K 線走勢可以看出，該股 11 月 29 日和 12 月 4 日，形成兩組上升兩顆星 K 線組合後，主力機構快速向上推升股價。

2020 年 1 月 2 日、3 日、6 日，三根 K 線再次形成上升兩顆星 K 線組合。1 月 14 日、15 日、16 日、17 日，四根 K 線形成上升三顆星 K 線組合，隨後主力機構持續快速推升股價。接連多個上升兩顆星 K 線組合，加上一個上升三顆星 K 線組合，加速股價的上漲。

從整體上升走勢看，股價依托 5 日均線上行，期間只有兩次小幅整理，股價雖向下跌（刺）破 10 日均線但很快收回。其他小整理基本上都是盤中洗盤，整體上升走勢乾淨俐落，顯示主力機構心有格局，志存高遠。

2 月 20 日當日，該股開高衝高回落，收出一根假陰真陽十字線，成交量較前一交易日萎縮。此時，股價遠離 30 日均線且漲幅較大，KDJ 等部分技術指標走弱，加上前一交易日的射擊之星小 K 線，顯示主力機構已經展開整理。像這種情況，投資人可以在當日或次日先賣出手中籌碼，待整理到位後，再將籌碼接回。

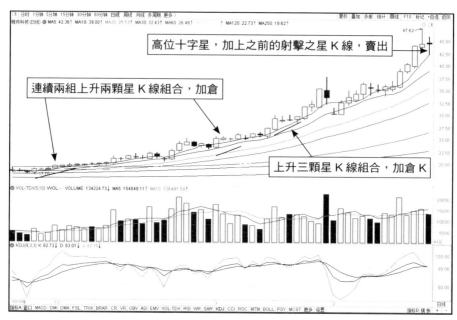

高位十字星，加上之前的射擊之星 K 線，賣出

連續兩組上升兩顆星 K 線組合，加倉

上升三顆星 K 線組合，加倉 K

▲ 圖 3-12　雅克科技走勢圖

　　圖 3-13 是斯萊克 2021 年 5 月 28 日的 K 線走勢圖。將 K 線走勢縮小後可以看出，這是股價上漲途中出現的上升兩顆星 K 線組合。該股從前期最低價 2020 年 2 月 4 日的 4.70 元，經過長時間大幅度的震盪盤升，股價有較大漲幅。

　　2021 年 5 月 26、27、28 日，三根 K 線形成上升兩顆星 K 線組合。26 日的第一根大陽線收盤價 10.78 元，成交量較前一交易日放大 8 倍多。27 日、28 日的兩顆十字星，為第二及第三根 K 線，基本上並行排列在第一根大陽線的上方，且成交量依次萎縮。

　　此時，短中長期均線呈現多頭排列，MACD、KDJ 等各項技術指標已經走強，股價的強勢特徵非常明顯。像這種情況，投資人可以在上升兩顆星 K 線組合出現當日或次日進場，逢低買進或加倉買進籌碼。

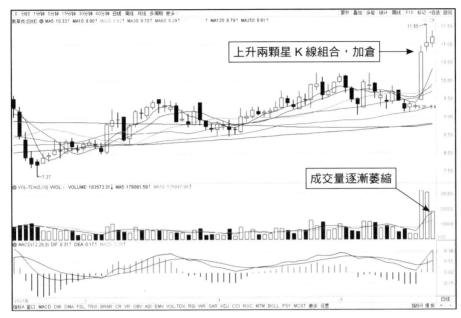

上升兩顆星 K 線組合，加倉

成交量逐漸萎縮

▲ 圖 3-13　斯萊克走勢圖

　　圖 3-14 是斯萊克 2021 年 8 月 13 日的 K 線走勢圖。從 K 線走勢可以看出，該股 5 月 28 日形成上升兩顆星 K 線組合後，主力機構展開小幅橫盤震盪整理洗盤行情。6 月 23 日、24 日、25 日，三根 K 線再次形成上升兩顆星 K 線組合後，主力機構加速向上推升股價。7 月 20 日、21 日、22 日，三根 K 線再次形成上升兩顆星 K 線組合，隨後主力機構快速向上推升股價。

　　從上漲走勢看，股價依托 5 日均線上行，期間有兩次小幅橫盤整理洗盤行情。股價雖多次跌（刺）破 10 日均線但很快收回，其他小整理基本上都是盤中洗盤，整體上升走勢順暢。

　　8 月 13 日當日，個股開低衝高回落，收出一根陰十字星，成交量較前一交易日放大，顯示主力機構已經展開整理。此時，股價遠離 30 日均

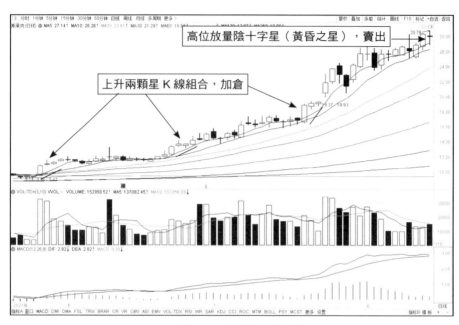

▲ 圖 3-14　斯萊克走勢圖

線且漲幅較大，5 日均線拐頭向下，MACD、KDJ 等各項技術指標開始走弱，股價的弱勢特徵已經顯現。像這種情況，投資人手中如果還有當天沒有出完的籌碼，次日要逢高賣出。

　　圖 3-15 是聯創股份 2021 年 7 月 9 日的 K 線走勢圖。將 K 線走勢縮小後可以看出，股價從前期相對高位 2016 年 10 月 14 日的最高價 29.14 元，一路震盪下跌，至 2020 年 5 月 20 日最低價 1.84 元止跌。下跌時間長、跌幅大，期間有過多次反彈，且反彈幅度較大。

　　2020 年 5 月 20 日止跌後，主力機構快速推升股價，收集籌碼，然後展開大幅震盪盤升（整理）行情，高賣低買、洗盤吸籌並舉，籌碼趨於集中，控盤比較到位。

　　2021 年 7 月 5 日、6 日、7 日，主力機構連續拉出 3 個大陽線漲停板，

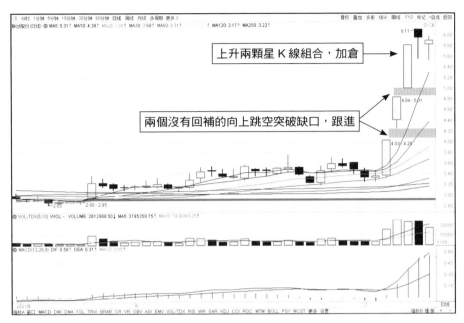

▲ 圖 3-15　聯創股份走勢圖

成交量同步放大，留下 2 個向上跳空突破缺口。7 月 7 日、8 日、9 日，三根 K 線形成上升兩顆星 K 線組合，7 日為第一根向上跳空開高大陽線漲停板，成交量較前一交易日略有萎縮。8 日、9 日的兩根小 K 線為第二、第三根 K 線，基本上並行排列在第一根大陽線漲停板的上方，並且成交量依次萎縮。

此時，短中長期均線呈現多頭排列，MACD 等各項技術指標表現強勢，股價的強勢特徵十分明顯。像這種情況，投資人可以在上升兩顆星 K 線組合出現當日或次日進場，逢低加倉買進籌碼。

圖 3-16 是聯創股份 2021 年 9 月 23 日的 K 線走勢圖。可以看出，該股 7 月 9 日形成上升兩顆星 K 線組合後，主力機構展開快速拉升行情。

整體上升走勢來看，股價依托 5 日均線一路上行，期間有 3 次小幅橫

59

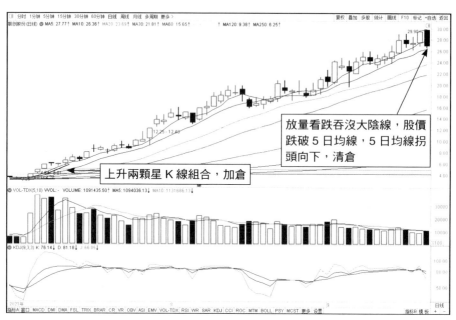

放量看跌吞沒大陰線，股價跌破5日均線，5日均線拐頭向下，清倉

上升兩顆星K線組合，加倉

▲ 圖3-16 聯創股份走勢圖

盤整理強勢調整洗盤行情。第3次整理時，股價雖多次跌（刺）破10日均線但很快收回，其他小整理基本都是盤中洗盤，上升走勢乾淨俐落。

9月23日當日，個股開高回落，收出一根看跌吞沒大陰線（看跌吞沒大陰線，是常見的看跌反轉訊號），成交量較前一交易日放大。此時股價漲幅大，且股價跌破5日均線，5日均線拐頭向下，MACD、KDJ等各項技術指標開始走弱，股價的弱勢特徵已經顯現。像這種情況，投資人手中如果還有當天沒有出完的籌碼，次日一定要清倉。

圖3-17是全柴動力2021年8月5日的K線走勢圖。將K線走勢縮小後可以看出，股價從前期相對高位2019年4月22日的最高價24.47元，一路震盪下跌，至2021年1月25日最低價8.16元止跌。下跌時間長、跌幅大，期間有過多次反彈，且反彈幅度較大。

　　2021 年 1 月 25 日止跌後，主力機構快速推升股價，收集籌碼，然後展開大幅震盪盤升（整理）行情，高賣低買、洗盤吸籌並舉，籌碼趨於集中，控盤比較到位。

　　8 月 2 日、3 日、4 日、5 日，四根 K 線形成上升三顆星 K 線組合。2 日為第一根大陽線，當日股價突破短中長期均線（一陽穿 7 線，均線蛟龍出海型態形成），成交量較前一交易日放大 3 倍多。3 日、4 日、5 日的三根小 K 線，為第二、第三、第四根 K 線，基本上並行排列在第一根大陽線的上方，且成交量呈萎縮狀態。

　　此時，短中長期均線呈多頭排列，MACD 等各項技術指標已經走強，股價的強勢特徵十分明顯。像這種情況，投資人可以在上升三顆星 K 線組合形成當日或次日，進場逢低加倉買進籌碼。

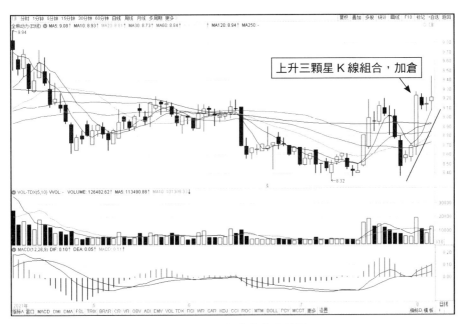

上升三顆星 K 線組合，加倉

▲ 圖 3-17　全柴動力走勢圖

　　圖 3-18 是全柴動力2021年8月17日的 K 線走勢圖。可以看出，該股 8 月 5 日形成上升三顆星K線組合後，主力機構快速向上拉升股價。

　　從整體上升走勢來看，股價依托 5 日均線幾乎呈直線上升。8 月 9 日漲停板被打開至收盤沒有封回，正是投資人進場買進籌碼的好時機。從 8 月 5 日形成上升三顆星 K 線組合次日開始，至 8 月 17 日，共 8 個交易日，主力機構拉出 8 根陽線（有 2 根是假陰真陽），其中拉出了 4 個漲停板，漲幅相當可觀。

　　8月17日當日，個股開高衝高回落，收出一根螺旋槳陽 K 線（高位螺旋槳 K 線，又稱為變盤線或轉勢線），成交量較前一交易日明顯放大，顯示主力機構已經展開下跌整理。

　　此時，股價遠離 30 日均線且漲幅大，KDJ 等部分技術指標開始走

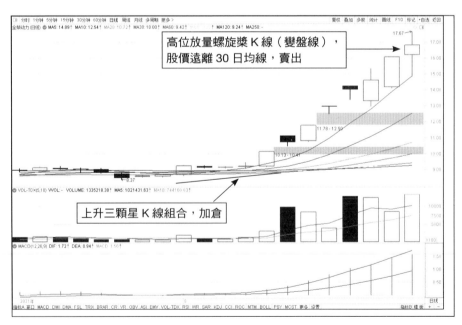

▲ 圖 3-18　全柴動力走勢圖

弱，股價的弱勢特徵已經顯現。像這種情況，投資人手中如果還有當天沒有出完的籌碼，次日要逢高賣出。

3-2-2 注意成交量變化，也有型態不成立的時候

從平時實戰操盤來看，處於上升趨勢的個股，出現上升兩或三顆星 K 線組合的情況還是比較多的。一般情況下，個股在上升趨勢中出現上升兩顆星或三顆星 K 線組合，且股價突破兩或三顆星的高點時，就可以加倉買進。但若一旦股價跌破第一根陽線的低點，就必須立即停損。

要特別注意的是，上升兩或三顆星 K 線組合，對成交量的配合要求比較苛刻。第　根實體大陽線或中陽線，要求成交量突然放大，緊隨其後上方的兩或三顆小陰小陽線，要求成交量依次萎縮，只有上升兩或三顆星蓄好勢，之後股價上漲的成功率才會高一些。

如果第一根實體大陽線或中陽線成交量沒有有效放大，或者說其後的兩或三顆星成交量，比其前面的實體大陽線或中陽線的成交量還大，則該 K 線組合就難以成立。

第二部

股票強勢表態，
會出現的缺口有哪些？

第 4 課

股價強勢漲停留下的
突破缺口，
是你大賺 1 倍的機會！

❖ 什麼是缺口？

缺口，也稱之為跳空或跳空缺口。若大盤指數或個股股價在運行的過程中，有一段沒有任何的交易行情，顯示在走勢圖上是一個空白區域，這個沒有任何交易行情的空白區域就稱之為缺口，也稱為「跳空」或「跳空缺口」。

在 K 線走勢圖上，缺口反映出某一交易日指數或股價，遠離上一交易日收盤價的現象。缺口是大盤或個股行情走勢中常見的一種 K 線型態，也是一種較明確的趨勢訊號。

依照缺口在大盤或個股走勢中所處的位置或方向趨勢，可將缺口分為向上跳空缺口和向下跳空缺口。向上跳空缺口有一字漲停板、開高走高等 K 線型態，向下跳空缺口有一字跌停板、開低走低等 K 線型態。

當缺口出現後，大盤或個股走勢會朝著某一趨勢方向迅速發展，該缺口就成為後市較強的支撐或壓力。隨著量價時空的運行變化，指數或股價返回到原來缺口的價位時，稱為缺口的封閉或補空。

在操盤實踐中，投資人大都注重對個股缺口的研究分析，以尋求發現隱藏在這些缺口背後的資訊。常見的缺口一般分為突破缺口、中繼缺口（或稱為測量缺口、持續性缺口或加速缺口）、普通缺口（或稱為一般性缺口或臨時性缺口）和竭盡缺口（或稱為衰竭性或消耗性缺口）四種。

從缺口跳空部位的大小（價格百分比），可以預測個股後市走勢的趨勢和強弱，為投資人挑選強勢個股和買賣決策提供幫助。

❖ 強勢缺口 K 線型態

強勢缺口 K 線型態，是指發生在個股啟動上升行情，或持續上升行情中的向上跳空開高缺口，並保持至收盤的強勢缺口 K 線型態。該 K 線型態個股由多方力量佔據主導地位，所形成的向上跳空開高缺口，對股價回落有較強的支撐作用，是啟動上漲行情或拉升行情極具實戰價值的 K

線型態。這種強勢缺口K線型態,主要有向上突破缺口K線型態、向上中繼缺口K線型態。

接下來的兩課,我們會分析實戰操盤中經常出現的向上突破缺口、向上中繼缺口兩種K線型態。

對於偏重中性的普通缺口,其中的普通向上跳空缺口、除權除息缺口中的快速向上填權缺口,也作一個簡單的分析。由於竭盡缺口(或稱為衰竭性或消耗性缺口)向上跳空空間比較小,且出現後基本上預示著股價即將見頂,不屬於強勢缺口K線型態範疇,本書就不作研究分析了。

向上突破缺口 K 線，
是後市持續上漲的訊號

　　向上突破缺口 K 線型態，是由市場做多力量（以主力機構為主）突發性買入所形成的，是後市股價持續上漲的訊號。

4-1-1　突然向上跳空開高，直至收盤仍未回補

❖ 型態分析

　　向上突破缺口 K 線型態，一般是指個股股價從高位整理下跌至底部，或相對低位止跌後股價在震盪上漲的過程中，或經過較長時間的平台震盪整理洗盤後，某一交易日突然向上跳空開高突破前高或整理平台，至當日收盤股價沒有或沒有完全回補，因開高所形成的第一個向上跳空缺口。

　　向上突破缺口 K 線型態缺口出現的位置，不僅僅是在股價止跌回升或平台震盪整理洗盤之後出現。由於主力機構資金雄厚，有自己的專業分析操盤團隊，常常採用做盤、洗盤、挖坑等各種手段嚇唬投資人。因此第一個向上跳空開高突破缺口何時何處出現，投資人是很難精準掌握的。

　　有的個股在股價上漲到一定高度後，主力機構突然向上跳空開高出現。有的個股在平台整理期間，主力機構突然挖坑回檔洗盤，股價在止跌回升之後出現向上跳空開高缺口等等。這些都是主力機構結合資金、倉位以及大盤、個股量價時空等因素，謀劃後操盤控盤所決定的，且經常是出

其不意地出現。

　　一般情況下，向上突破缺口大多出現在重要壓力位，如前期高點、平台壓力線、下降趨勢線、均線、重要技術型態等位置或附近。這種缺口短期內不會回補，時間週期至少在 3～5 個交易日。

　　向上突破缺口，尤其是底部或低位的向上突破缺口，必須要有成交量持續放大的支持，否則上漲行情將難於持續。若無成交量持續放大的配合，缺口就可能在短期內被封閉，成為普通缺口。

　　當個股股價突然向上跳空開高，以缺口的形式向上突破重要壓力位，如前期高點、平台壓力線、下降趨勢線、重要均線等，基本上確認向上突破缺口 K 線型態成立。

　　此刻，各路做多力量彙聚，新的上升趨勢即將開啟，投資人應果斷進場買入籌碼，後市將有不錯的漲幅。膽子大的投資人在當天開盤後，若發現處於底部或低位區域的個股，出現巨量的跳空開高上漲，可考慮果斷追進。

　　投資人在突破當天收盤前，基本上確定向上跳空突破缺口不可能回補，就可以快速進場。如當天是漲停突破，在分析研判後，可在當日搶漲停板追進或在次日集合競價時掛買單排隊等待。

　　在接下來的 2～3 天內，投資人只要有進場的機會，都可以逢低加碼買進。如果主力機構是以 3～4 個一字漲停板，直接拉至一定高度展開整理或回檔，則可待股價整理結束或回測缺口向上時，及時進場。

❖ 實戰運用

　　圖 4-1 是華懋科技 2021 年 5 月 31 日的 K 線走勢圖，可以看出此時個股走勢處於上升趨勢中。股價從前期相對高位 2016 年 6 月 1 日的最高價 49.56 元，一路震盪下跌，至 2020 年 2 月 4 日最低價 11.25 元止跌。下跌時間長、跌幅大，期間有過多次反彈且反彈幅度較大。

2020 年 2 月 4 日止跌後，主力機構快速推升股價，收集籌碼，隨後展開大幅震盪盤升行情，推升股價，高賣低買與洗盤吸籌並舉。2021 年 1 月 22 日，個股開高衝高至最高價 26.49 元回落，主力機構展開回檔洗盤及橫盤震盪整理，清洗獲利盤，拉高新入場投資人進場成本。

5 月 19 日，主力機構平開收出一根大陽線（漲幅 9.25%），突破平台和前高，成交量較前一交易日放大 8 倍多。當日股價向上穿過 5 日、10 日、20 日、30 日、60 日和 90 日均線（一陽穿 6 線），120 日均線在股價下方向上運行，均線蛟龍出海型態形成。

此時，均線呈現多頭排列，MACD、KDJ 等技術指標走強，股價的強勢特徵已經非常明顯。像這種情況，投資人可以在當日或次日進場，逢低買進籌碼。

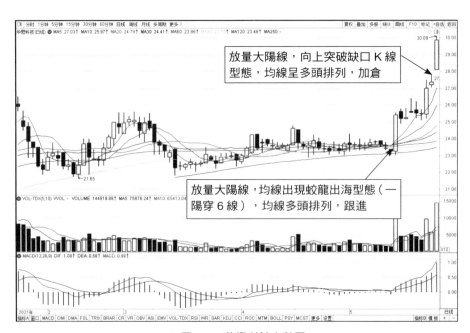

▲ 圖 4-1　華懋科技走勢圖

　　5 月 31 日當日，主力機構跳空開高收出一根大陽線（漲幅 9.10%），突破前高，留下向上跳空突破缺口，形成向上突破缺口 K 線型態，當日成交量較前一交易日放大 2 倍多。

　　此時，短中長期均線呈多頭排列，MACD、KDJ 等技術指標走強，股價的強勢特徵十分明顯。像這種情況，投資人可以在當日或次日，進場逢低加倉買進籌碼。

　　圖 4-2 是華懋科技 2021 年 8 月 11 日的 K 線走勢圖。從 K 線走勢可以看出，該股 5 月 31 日向上突破缺口 K 線型態形成後，主力機構展開加速上漲行情。

　　從上漲走勢來看，股價基本上依托 5 日均線上升，期間有過 3 次整理洗盤，前兩次整理幅度不大，股價回檔跌（刺）破 10 日均線但很快收回。

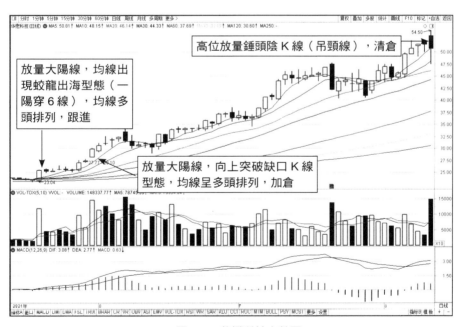

▲ 圖 4-2　華懋科技走勢圖

第三次整理幅度較大，股價回檔跌（刺）破20日均線但也很快收回，其他小整理基本上都是盤中洗盤。股價上漲過程中，20日均線有較強的支撐和助漲作用，整體上漲走勢順暢。

8月11日當日，主力機構大幅跳空開高，收出一根錘頭陰K線（高位錘頭線又稱為上吊線或吊頸線），股價跌（刺）破5日和10日均線，成交量較前一交易日放大4倍多，明顯是主力機構利用開高、盤中拉高引誘跟風盤震盪出貨。

此時，MACD、KDJ等技術指標已經走弱，加上前兩個交易日收出的兩根小錘頭線，顯露出主力機構在高位做盤震盪出貨的痕跡。像這種情況，投資人如果手中還有當天沒有出完的籌碼，次日要逢高清倉。

圖4-3是國民技術2021年2月18日的K線走勢圖。將K線走勢縮小後可以看出，此時個股走勢正處於上升趨勢中。股價從前期相對高位2016年10月26日的最高價23.90元，一路震盪下跌，至2019年11月18日最低價5.76元止跌。下跌時間長、跌幅大，期間有過多次反彈，且反彈幅度較大。下跌期間有過1次每10股派現金0.200元的除息。

2019年11月18日股價止跌後，主力機構快速推升股價，收集籌碼。隨後展開大幅震盪盤升行情，推升股價，高賣低買與洗盤吸籌並舉。

2020年8月25日，個股開高衝高至當日最高價11.43元回落，主力機構展開回檔洗盤行情，至2021年2月4日最低價5.97元止跌，接著股價小幅整理了4個交易日。

2021年2月18日當日，主力機構跳空開高收出一根中陽線（漲幅5.37%），突破前高，留下向上跳空突破缺口，形成向上突破缺口K線型態，當日成交量較前一交易日放大2倍多。此時均線系統較弱，但MACD、KDJ等技術指標開始走強，股價的強勢特徵有所顯現。像這種情況，投資人可以在當日或次日進場，逢低買進部分籌碼。

圖4-4是國民技術2021年5月31日的K線走勢圖。從K線走勢可

▲ 圖 4-3　國民技術走勢圖

以看出，該股 2 月 18 日向上突破缺口 K 線型態形成後，主力機構展開震盪盤升行情，洗盤吸籌。震盪盤升過程中，股價回檔沒有回補 2 月 18 日的向上跳空缺口，表示個股震盪盤升走勢強勁。

5 月 24 日，主力機構開低收出一根大陽線（漲幅 7.04%），突破前高，成交量較前一交易日放大3倍多。當日股價向上穿過 5 日、10 日、30 日、120 日均線（一陽穿 4 線），20 日、60 日均線在股價下方向上運行，90 日均線即將走平，120 日均線下行，250 日均線在股價上方即將走平，均線蛟龍出海型態形成。

此時，短中期均線呈多頭排列，MACD、KDJ 等技術指標走強，股價的強勢特徵已經非常明顯。像這種情況，投資人可以在當日或次日進場，逢低加倉買進籌碼。

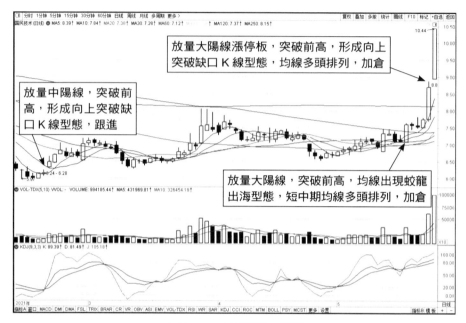

▲ 圖 4-4　國民技術走勢圖

　　5 月 31 日當日，主力機構跳空開高拉出一個大陽線漲停板（漲幅 20%），突破前高，留下向上跳空突破缺口，形成向上突破缺口 Ｋ 線型態，當日成交量較前一交易日放大近 2 倍。此時，短中長期均線呈多頭排列，MACD、KDJ 等技術指標強勢，股價的強勢特徵十分明顯。像這種情況，投資人可以在當日或次日進場，逢低加倉買進籌碼，堅定持股。

　　圖 4-5 是國民技術 2021 年 7 月 30 日的 Ｋ 線走勢圖。從 Ｋ 線走勢可以看出，該股 5 月 31 日向上突破缺口 Ｋ 線型態形成後，主力機構展開向上拉升行情。

　　從主力機構拉升情況看，前期主要採取台階式推升的操盤手法，來推升股價。主力機構的操盤目的，主要是經由台階整理洗盤吸籌，清洗獲利盤，拉高新進場投資人的持倉成本，為後面的拉升減輕壓力。在主力機構

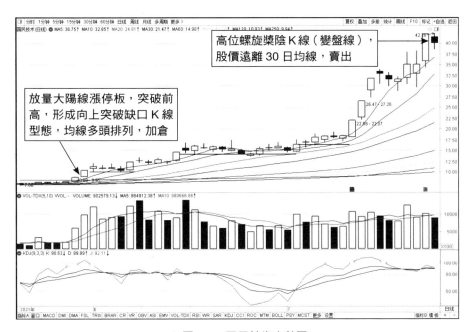

高位螺旋槳陰 K 線（變盤線），
股價遠離 30 日均線，賣出

放量大陽線漲停板，突破前
高，形成向上突破缺口 K 線
型態，均線多頭排列，加倉

▲ 圖 4-5　國民技術走勢圖

展開快速拉升股價之前的台階整理洗盤過程中，投資人完全可以在每次大陽線突破的當日逢低進場，或在台階震盪整理洗盤時逢低跟進，然後持股待漲。

從 7 月 12 日起，主力機構展開後期快速拉升行情，拉出利潤空間，為高位出貨做準備。

7 月 30 日截圖當日，主力機構開低衝高回落，收出一根螺旋槳陰 K 線（高位螺旋槳 K 線，又稱為變盤線或轉勢線）。成交量較前一交易日萎縮，顯露出主力機構利用盤中拉高，吸引跟風盤震盪出貨的痕跡。此時股價遠離 30 日均線且漲幅很大，KDJ 等部分技術指標開始走弱，盤面的弱勢特徵已經顯現。像這種情況，投資人如果手中還有當天沒有出完的籌碼，次日應該逢高賣出。

圖 4-6 是高測股份 2021 年 7 月 21 日的 K 線走勢圖。該股從 2020 年 8 月 7 日上市當日的最高價 51.00 元，一路震盪下跌。至 2021 年 5 月 11 日最低價 17.20 元止跌，下跌時間雖然不長，但跌幅大。隨後主力機構開始小幅推升股價，收集籌碼。

　　2021 年 5 月 26 日，主力機構跳空開高收出一顆假陰真陽小十字星（漲幅 2.71%），突破前高，留下向上跳空突破缺口，形成向上突破缺口 K 線型態，當日成交量較前一交易日明顯放大。

　　此時均線系統較弱，但 MACD、KDJ 等技術指標開始走強，股價的強勢特徵開始顯現。像這種情況，投資人可以在當日或次日進場，逢低買進部分籌碼。此後主力機構快速推升股價，然後展開震盪盤升行情，向上突破缺口有較好的支撐助漲作用。

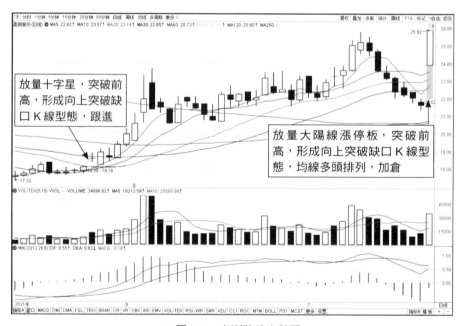

▲ 圖 4-6　高測股份走勢圖

　　7 月 9 日，個股開高衝高至當日最高價 25.80 元回落，主力機構展開回檔洗盤（挖坑）行情，由於受大盤大跌的影響，主力機構趁勢打壓股價。7 月 20 日，個股在連續收出 7 根陰線後，於當日最低價 21.36 元止跌。

　　7 月 21 日當日，主力機構大幅跳空開高，拉出一個大陽線漲停板，突破前高，留下向上跳空突破缺口，形成向上突破缺口 K 線型態，當日成交量較前一交易日放大 2 倍多。此時，短中長期均線呈多頭排列，MACD、KDJ 等技術指標走強，股價的強勢特徵十分明顯。像這種情況，投資人可以在當日或次日進場，逢低加倉買進籌碼，堅定持股。

　　圖 4-7 是高測股份 2021 年 8 月 30 日的 K 線走勢圖。從 K 線走勢可以看出，該股 7 月 21 日向上突破缺口 K 線型態形成後，主力機構展開向上拉升行情。

　　從拉升情況看，7 月 21 日向上突破缺口 K 線型態形成的次日，主力機構展開長達 12 個交易日的強勢整理洗盤行情，目的是清洗獲利盤，繼續收集籌碼，拉高新進場投資人的持倉成本，為後面的快速拉升減輕壓力。8 月 9 日，主力機構開高拉出一個大陽線漲停板，突破前高和平台，正式啟動快速拉升行情。像這種情況，投資人可以在當日或次日進場，加倉買進籌碼，持股待漲。

　　主力機構後期快速拉升，基本上依托 5 日均線上行。期間有過 1 次強勢整理洗盤，整理幅度不大，股價回檔跌（刺）破 5 日均線很快收回，10 日均線有較強的支撐作用，整體上漲走勢順暢。

　　8 月 30 日當日，主力機構開低衝高回落，收出一根螺旋槳陽 K 線（高位螺旋槳 K 線，又稱為變盤線或轉勢線），成交量與前一交易日持平。加上前一交易日收出的陽十字星，顯露出主力機構利用盤中拉高，吸引跟風盤震盪出貨的痕跡。

　　此時，股價遠離 30 日均線且漲幅較大，KDJ 等部分技術指標有走弱的跡象。像這種情況，投資人手中如果還有當天沒有出完的籌碼，次日應

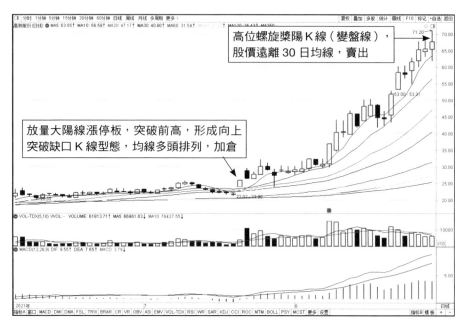

高位螺旋獎陽 K 線（變盤線），
股價遠離 30 日均線，賣出

放量大陽線漲停板，突破前高，形成向上
突破缺口 K 線型態，均線多頭排列，加倉

▲ 圖 4-7　高測股份走勢圖

該逢高先賣出，可繼續跟蹤觀察。

　　圖 4-8 是沁源微 2021 年 6 月 7 日的 K 線走勢圖，這是股價上漲過程中形成的向上突破缺口實戰案例。該股從 2020 年 2 月 5 日的最高價 168.00 元，一路震盪下跌，至 2021 年 3 月 31 日最低價 75.50 元止跌。下跌時間長、跌幅大，期間有過多次反彈，且反彈幅度較大。下跌期間有過 1 次每 10 股派現金 1.250 元的除息。

　　2021 年 3 月 31 日股價止跌隨後，主力機構展開震盪盤升行情，收集籌碼。6 月 7 日當日，主力機構跳空開高收出一根大陽線（漲幅 10.35%），突破前高，留下向上跳空突破缺口，形成向上突破缺口 K 線型態，當日成交量較前一交易日放大近 2 倍。

　　此時，均線（除 250 日均線外）呈多頭排列，MACD、KDJ 等技術

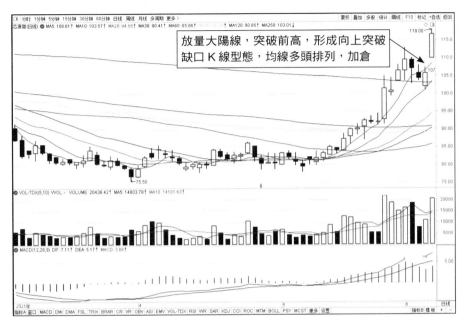

▲ 圖 4-8 沁源微走勢圖

指標走強，股價的強勢特徵十分明顯。像這種情況，投資人可以在當日或次日進場，逢低買進籌碼，堅定持股。

圖 4-9 是沁源微 2021 年 7 月 23 日的 K 線走勢圖。可以看出，該股 6 月 7 日向上突破缺口 K 線型態形成後，主力機構展開震盪拉升行情。

從主力機構拉升情況看，前期主要採取台階式推升的操盤手法推升股價，操盤目的主要是經由台階整理洗盤吸籌，清洗獲利盤，拉高新進場投資人的持倉成本，為後面的拉升和出貨做準備。主力機構展開台階整理洗盤過程中，投資人可以在每次大陽線突破當日逢低進場，或在台階震盪整理洗盤時逢低跟進，然後持股待漲。

7 月 21 日、22 日，主力機構分別拉出一個大陽線漲停板和一根人陽線（漲幅 14.45%），漲幅相當可觀。

7 月 23 日當日，主力機構大幅開低衝高回落，收出一顆陰十字星（高位或相對高位十字星，又稱為黃昏之星），成交量較前一交易日萎縮，顯露出主力機構利用盤中拉高，吸引跟風盤震盪出貨的痕跡。此時，股價遠離 30 日均線且漲幅較大，KDJ 等部分技術指標開始走弱。像這種情況，投資人手中如果還有當天沒有出完的籌碼，次日應該逢高賣出。

圖 4-10 是海南礦業 2021 年 5 月 11 日的 K 線走勢圖。將 K 線走勢縮小後可以看出，此時個股走勢正處於上升趨勢中。股價從 2015 年 5 月 28 日的最高價 33.63 元，一路震盪下跌，至 2018 年 10 月 19 日最低價 3.83 元止跌。下跌時間長、跌幅大，期間有過多次反彈，且反彈幅度較大。下跌期間有過 1 次每 10 股派現金 0.300 元的除息。

2018 年 10 月 19 日止跌後，主力機構展開長期大幅度的震盪盤升行

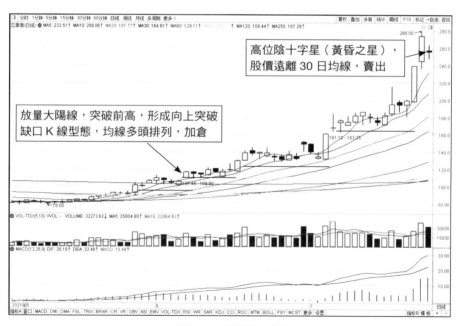

▲ 圖 4-9　沁源微走勢圖

情，推升股價，高賣低買獲利與洗盤吸籌並舉。

2021 年 2 月 4 日，股價震盪盤升（回檔）至最低價 4.62 元止跌，主力機構開始向上推升股價，繼續收集籌碼。

3 月 25 日，主力機構開高拉出一個大陽線漲停板，突破前高，形成大陽線漲停 K 線型態，成交量較前一交易日放大 2 倍多。當日股價向上穿過 5 日、10 日、20 日、30 日、60 日、90 日、120 日和 250 日均線（一陽穿 8 線），均線蛟龍出海型態形成。均線（除 60 日均線外）呈多頭排列，MACD、KDJ 等技術指標開始走強，股價的強勢特徵已經顯現。像這種情況，投資人可以在當日或次日進場，逢低分批買進籌碼。

5 月 7 日開始，主力機構連續拉出 2 個一字板、一個小 T 字板，突破前高，留下向上跳空突破缺口，形成向上突破缺口 K 線型態，股價的強

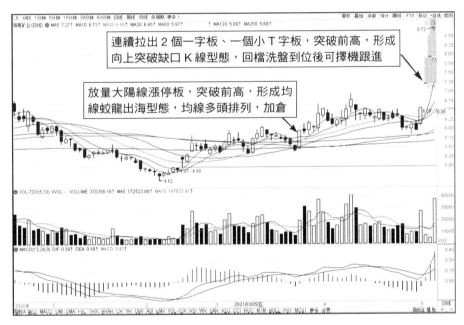

▲ 圖 4-10 海南礦業走勢圖

勢特徵十分明顯。像這種情況，投資人可以在股價回檔洗盤到位後，擇機進場逢低買進籌碼，堅定持股。

圖 4-11 是海南礦業 2021 年 9 月 1 日的 K 線走勢圖。從 K 線走勢可以看出，該股從 5 月 7 日連續拉出 2 個一字板、一個小 T 字板之後，形成向上突破缺口 K 線型態。5 月 12 日收出一根巨量大陽線後，從 5 月 13 日開始，主力機構展開回檔洗盤，回檔沒有完全封閉向上跳空缺口。

5 月 21 日，主力機構開高拉出一個大陽線漲停板，向上突破，成交量較前一交易日明顯放大，回檔（回抽）確認。像這種情況，投資人可以在當日或次日進場，逢低加倉買進籌碼，隨後主力機構展開快速上漲行情。

從上漲走勢看，股價基本上依托 5 日均線上升，期間有過 2 次整理洗盤。第一次整理幅度不大，股價回檔跌（刺）破 20 日均線很快收回。第

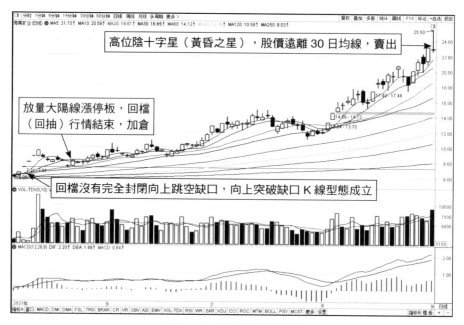

▲ 圖 4-11　海南礦業走勢圖

二次整理幅度較大，股價回檔跌（刺）破 30 日均線但也很快收回，其餘整理洗盤要麼是 2～3 個交易日的小整理且不破 10 日均線，要麼是盤中洗盤。股價上漲過程中，30 日均線有較強的支撐作用，整體看來上漲走勢還算順暢。

9 月 1 日當日，主力機構開低衝高回落（股價盤中一度漲停），收出一根長上影線陰十字星（高位或相對高位十字星，又稱為黃昏之星），成交量較前一交易日明顯放大，顯露出主力機構利用盤中拉高、漲停吸引跟風盤震盪出貨的痕跡。

此時，股價遠離 30 日均線且漲幅很大，KDJ 等部分技術指標開始走弱，盤面的弱勢特徵已經顯現。像這種情況，投資人如果當天手中還有籌碼沒有出完，次日應該逢高清倉。

4-1-2　整理平台的時間越長，上漲的強度會越大

實際操盤中投資人需要注意的是，在形成向上跳空突破缺口 K 線型態前，股價必須要有一個長期整理下跌的過程，且跌幅較大。或股價止跌後在低位區域經過充分的震盪整理洗盤，震盪整理平台形成的時間越長，向上突破缺口的可靠性和有效性就越高，股價上漲的力度就越大。

向上突破缺口 K 線型態形成後，前期壓力位便成為重要的支撐位，原則上後市將有一段不錯的上升行情。但股市千變萬化，如政策面上的利空導致大盤下跌或大幅震盪，則向上突破缺口可能會在次日迅速回補；有的可能由於成交量無法有效放大，次日越走越弱，最後回補缺口，導致突破失敗。

作為投資人，還是要設置好停損位，可以將停損位設置在缺口下沿處。如果股價向下穿破缺口下沿回補了缺口，已經進場的投資人最好先撤出來觀察；沒有進場的，就暫時不要盲目進場買進。

4-2

向上中繼缺口 K 線，
表示多方市場將持續強勢

4-2-1　主力在股價上漲中途，再次向上跳空所形成

　　向上中繼缺口 K 線型態又稱為測量缺口、持續性缺口或加速缺口 K 線型態，表示市場多方力量持續強勢，後市股價將繼續（或加速）上漲。

❖ 型態分析

　　向上中繼缺口 K 線型態，是指大盤指數或個股股價向上有效突破，如前期高點、平台壓力線、下降趨勢線、重要均線等重要壓力位後，沒有回補或沒有完全回補向上跳空開高的缺口，所形成的 K 線型態。它是主力機構在股價上漲中途，再次向上跳空開高形成的缺口，也是股價即將快速上漲接續做多的強烈訊號。

　　此型態一般是個股完成初期上漲或有一定的漲幅後，主力機構經過回檔洗盤吸籌、或震盪整理洗盤吸籌後，形成的向上跳空缺口。此時，由於洗盤比較徹底，主力機構籌碼鎖定較好，控盤程度較高，其他投資人調倉換籌較充分、持倉成本相應提高，做多力量聚集，上漲勢頭強勁，後市快速上漲可期。

　　股價在向上運行中途形成的向上跳空缺口，如果沒有被股價回檔所封閉，就成為後市股價快速上漲的重要支撐位。股價後市上漲的幅度，一般

要高於向上突破缺口至向上中繼缺口之間的距離。投資人在確定向上中繼缺口 K 線型態之後，可積極進場買進籌碼。

❖ 實戰運用

　　圖 4-12 是萬業企業 2021 年 6 月 18 日收盤時的 K 線走勢圖。將 K 線走勢縮小後可以看出，個股走勢處於上升趨勢中。股價從前期相對高位 2020 年 7 月 14 日的最高價 30.50 元，一路震盪下跌。至 2021 年 3 月 11 日最低價 12.18 元止跌，下跌時間雖然不是很長但跌幅大。期間有過 2 次反彈，且反彈幅度較大。

　　2021 年 3 月 11 日股價止跌後，主力機構快速推升股價，收集籌碼，然後展開震盪整理行情，洗盤吸籌。

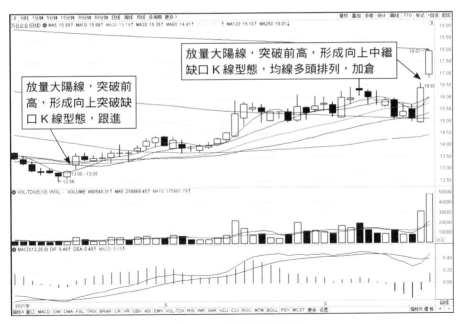

▲ 圖 4-12　萬業企業走勢圖

4 月 19 日，主力機構跳空開高收出一根大陽線（漲幅 4.94%），突破前高，留下向上跳空突破缺口，成交量較前一交易日放大 2 倍多，形成向上突破缺口 K 線型態。此時，均線系統雖然較弱，但 MACD、KDJ 等技術指標開始走強，股價的強勢特徵開始顯現。像這種情況，投資人可以在當日或次日進場，逢低買進部分籌碼。此後，主力機構展開震盪盤升行情，洗盤吸籌、推升股價同步進行。

6 月 18 日，主力機構跳空開高收出一根大陽線（漲幅 9.53%，當日盤中一度漲停），突破前高，留下第二個向上跳空缺口，成交量較前一交易日明顯放大，形成向上中繼缺口 K 線型態。

此時，均線（除 250 日均線外）呈多頭排列，MACD、KDJ 等技術指標走強，股價的強勢特徵十分明顯。像這種情況，投資人可以在當日或次日進場，逢低加倉買進籌碼。

圖 4-13 是萬業企業 2021 年 11 月 26 日的 K 線走勢圖。從 K 線走勢可以看出，該股 6 月 18 日向上中繼缺口 K 線型態形成後，主力機構展開快速上漲行情。

從主力機構拉升情況看，前期主要採取波段式拉升的操盤手法推升股價，操盤目的主要是經由波段回檔洗盤吸籌，清洗獲利盤，拉高新進場投資人的持倉成本，為後面的拉升和出貨做準備。在主力機構展開波段回檔洗盤過程中，投資人可以在每次波段回檔洗盤結束、或回檔（回抽）確認時進場逢低買進籌碼，然後持股待漲。

10 月 14 日，主力機構開高收出一根大陽線（漲幅 5.85%），突破前高，成交量較前一交易日明顯放大。當日股價向上穿過 5 日、10 日、20 日、30 日和 250 日均線（一陽穿 5 線），60 日、90 日、120 日均線在股價下方向上運行。

此時均線蛟龍出海型態形成，短中長期均線呈多頭排列，MACD、KDJ 等技術指標走強，股價的強勢特徵十分明顯。像這種情況，投資人可

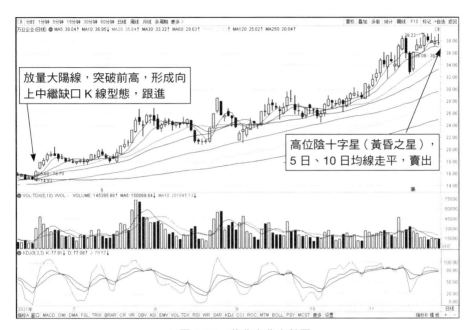

放量大陽線，突破前高，形成向上中繼缺口 K 線型態，跟進

高位陰十字星（黃昏之星），5 日、10 日均線走平，賣出

▲ 圖 4-13　萬業企業走勢圖

以在當日或次日進場，逢低加倉買進籌碼，此後主力機構快速拉升股價。

　　11 月 26 日當日，主力機構開低衝高回落，收出一顆長上影線陰十字星（高位或相對高位的十字星，又稱為黃昏之星），成交量與前一交易日基本上持平。加上前兩根十字星和一根倒錘頭線，顯露出主力機構利用盤中拉高，吸引跟風盤在高位震盪出貨的痕跡。

　　此時，5 日、10 日均線走平，MACD、KDJ 等技術指標開始走弱，盤面的弱市特徵已經顯現。像這種情況，投資人如果手中還有當天沒有出完的籌碼，次日應該逢高清倉。

　　圖 4-14 是天華超淨 2021 年 7 月 5 日的 K 線走勢圖。將 K 線走勢縮小後可以看出，此時個股走勢處於上升趨勢中。股價從前期相對高位 2016 年 4 月 7 日的最高價 39.96 元，一路震盪下跌，至 2019 年 8 月 15 日

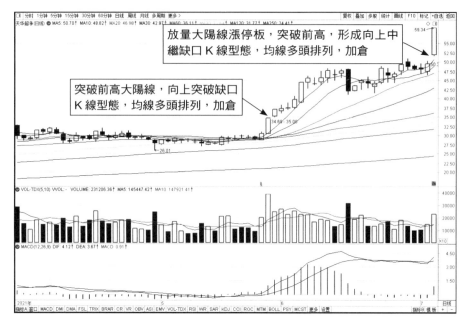

放量大陽線漲停板，突破前高，形成向上中繼缺口 K 線型態，均線多頭排列，加倉

突破前高大陽線，向上突破缺口 K 線型態，均線多頭排列，加倉

▲ 圖 4-14　天華超淨走勢圖

最低價 4.81 元止跌。下跌時間長、跌幅大，期間有過多次反彈，且反彈幅度較大。

2019 年 8 月 15 日股價止跌後，主力機構展開長期的大幅度的震盪盤升行情，推升股價、高賣低買獲利與洗盤吸籌並舉（期間也形成多次向上突破缺口，對股價的上漲有支撐和助漲作用）。

2021年1月28日，個股開低衝高至最高價 32.27 回落，主力機構展開橫盤整理洗盤行情。

5 月 31 日，橫盤整理洗盤行情結束，主力機構跳空開高收出一根大陽線（漲幅 7.01%），突破前高和平台，留下向上跳空突破缺口，成交量較前一交易日萎縮，形成向上突破缺口 K 線型態。此時均線呈多頭排列，MACD、KDJ 等技術指標走強，股價的強勢特徵相當明顯。像這種情況，

投資人可以在當日或次日進場，逢低加倉買進籌碼，此後主力機構展開快速向上拉升。

7 月 5 日當日，主力機構跳空開高拉出一根大陽線漲停板，突破前高，成交量較前一交易日明顯放大，形成向上中繼缺口 K 線型態。此時均線呈多頭排列，MACD、KDJ 等技術指標走強，股價的強勢特徵非常明顯。像這種情況，投資人可以在當日或次日進場，逢低加倉買進籌碼。

圖 4-15 是天華超淨 2021 年 9 月 13 日的 K 線走勢圖。從 K 線走勢可以看出，該股 7 月 5 日向上中繼缺口 K 線型態形成後，主力機構展開快速上漲行情。

從該個股的上漲走勢看，向上中繼缺口 K 線型態形成後，主力機構依托 5 日均線快速向上拉升股價。7 月 23 日個股開高回落展開回檔洗盤，

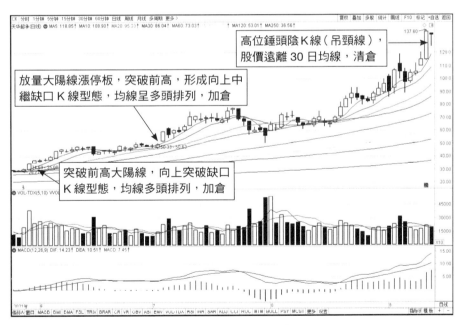

▲ 圖 4-15　天華超淨走勢圖

回檔幅度較大，股價多次向下跌（刺）破 30 日均線但很快收回。8 月 9 日回檔確認，主力機構再次展開快速拉升行情。股價上漲過程中，30 日均線有不錯的助漲作用，整體上漲走勢還算順暢。

9 月 13 日當日主力機構開低回落，收出一根長下影線錘頭陰 K 線（高位錘頭線又稱為上吊線或吊頸線），成交量較前一交易日萎縮，顯示股價已經走弱。此時，股價遠離30 日均線且漲幅很大，KDJ 等部分技術指標已經開始走弱，盤面的弱勢特徵已經顯現。像這種情況，投資人如果手中還有當天沒有出完的籌碼，次日應該逢高清倉。

圖 4-16 是合盛矽業 2021 年 8 月 23 日的 K 線走勢圖。將 K 線走勢縮小後可以看出，此時股價走勢處於上升趨勢中。股價從前期相對高位 2019 年 4 月 8 日的最高價 65.60 元，一路震盪下跌，至 2020 年 4 月 28 日最低

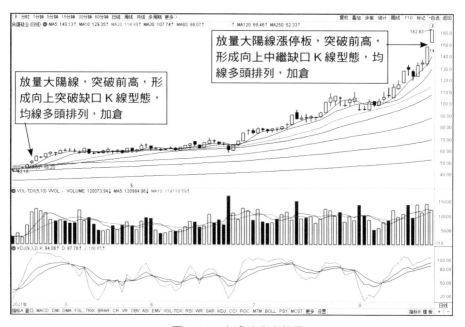

▲ 圖 4-16　合盛矽業走勢圖

價 21.60 元止跌。下跌時間長、跌幅大，期間有過 2 次較大幅度的反彈。

2020 年 4 月 28 日止跌後，主力機構展開長期的大幅度的震盪盤升行情，推升股價、高賣低買獲利與洗盤吸籌並舉（期間也形成多次向上突破缺口，對股價的上漲具有支撐和助漲作用）。

2021 年 2 月 18 日，個股開高衝高至最高價 55.53 元回落，主力機構展開回檔洗盤行情。

4 月 22 日，主力機構跳空開高收出一根大陽線（漲幅 6.84%），突破前高和平台，留下向上跳空突破缺口，成交量較前一交易日明顯放大，形成向上突破缺口 K 線型態。此時均線呈多頭排列，MACD、KDJ 等技術指標走強，股價的強勢特徵相當明顯。像這種情況，投資人可以在當日或次日進場，逢低加倉買進籌碼，此後主力機構加速向上拉升股價。

8 月 23 日，主力機構跳空開高拉出一根大陽線漲停板，突破前高，成交量較前一交易日略有萎縮，形成向上中繼缺口 K 線型態。此時，短中長期均線呈多頭排列，MACD、KDJ 等技術指標走強，股價的強勢特徵非常明顯。像這種情況，投資人可以在當日或次日進場，逢低加倉買進籌碼。

圖 4-17 是合盛矽業 2021 年 9 月 1 日的 K 線走勢圖。從 K 線走勢可以看出，該股 8 月 23 日向上中繼缺口 K 線型態形成後，主力機構展開快速拉升行情。

從拉升情況來看，向上中繼缺口 K 線型態形成後，主力機構依托 5 日均線快速向上拉升股價。至 8 月 27 日共 5 個交易日，拉出 5 根大陽線，其中 3 個漲停板漲幅相當可觀。

9 月 1 日當日，主力機構開高衝高回落，收出一根長下影線錘頭陽 K 線（高位錘頭線，又稱為上吊線或吊頸線），成交量較前一交易日明顯放大。加上前一交易日收出的十字星，顯露出主力機構利用盤中拉高，吸引跟風盤大量出貨的痕跡。

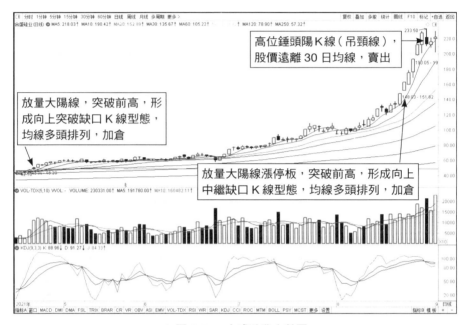

高位錘頭陽K線（吊頸線），
股價遠離30日均線，賣出

放量大陽線，突破前高，形
成向上突破缺口K線型態，
均線多頭排列，加倉

放量大陽線漲停板，突破前高，形成向上
中繼缺口K線型態，均線多頭排列，加倉

▲ 圖 4-17　合盛矽業走勢圖

此時，股價遠離 30 日均線且漲幅很大，5 日均線即將走平，KDJ 等部分技術指標開始走弱，盤面的弱勢特徵已經顯現。像這種情況，投資人如果手中還有當天沒有出完的籌碼，次日應該逢高賣出。

圖 4-18 是盾安環境 2021 年 11 月 17 日 4 的 K 線走勢圖。將 K 線走勢縮小後可以看出，此時個股走勢處於上升趨勢中。股價從前期相對高位 2019 年 3 月 14 日的最高價 6.97 元，一路震盪下跌，至 2020 年 5 月 22 日最低價 3.63 元止跌。下跌時間長、跌幅大，期間有過多次反彈，且反彈幅度較大。

2020 年 5 月 22 日止跌後，主力機構展開長期的大幅度震盪盤升行情，推升股價、高賣低買獲利與洗盤吸籌並舉。

2021 年 6 月 30 日，個股開高衝高至最高價 6.13 回落，主力機構展

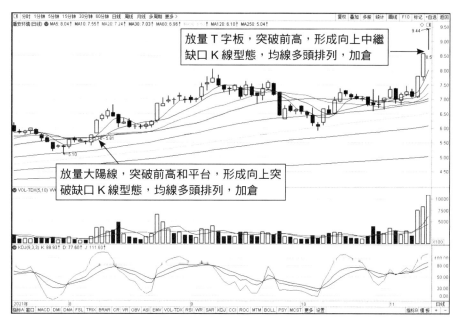

内文字放量 T 字板，突破前高，形成向上中繼缺口 K 線型態，均線多頭排列，加倉

放量大陽線，突破前高和平台，形成向上突破缺口 K 線型態，均線多頭排列，加倉

▲ 圖 4-18　盾安環境走勢圖

開橫盤震盪洗盤行情。

　　8 月 9 日，主力機構跳空開高收出一根大陽線（漲幅 8.87%），突破前高和平台，留下向上跳空突破缺口，成交量較前一交易日放大 2 倍多，形成向上突破缺口 K 線型態。此時均線呈多頭排列，MACD、KDJ 等技術指標走強，股價的強勢特徵相當明顯。像這種情況，投資人可以在當日或次日進場，逢低加倉買進籌碼，此後主力機構展開震盪盤升行情。

　　11 月 17 日，主力機構漲停開盤，收出一個 T 字板（漲停板盤中被打開），突破前高，成交量較前一交易日明顯放大，形成向上中繼缺口 K 線型態。此時均線呈多頭排列，MACD、KDJ 等技術指標走強，股價的強勢特徵非常明顯。像這種情況，投資人可以在當日或次日進場，逢低加倉買進籌碼。

圖 4-19 是盾安環境 2021 年 12 月 6 日的 K 線走勢圖。從 K 線走勢可以看出，該股 11 月 17 日向上中繼缺口 K 線型態形成後，主力機構展開快速拉升行情。

　　從拉升情況看，向上中繼缺口 K 線型態形成後，主力機構依托 5 日均線快速向上拉升股價，期間有過一次強勢整理，股價向下跌（刺）破 5 日均線很快收回。至 12 月 3 日共 12 個交易日，拉出 9 根大陽線（含一根假陰真陽 K 線），其中 3 個漲停板上漲幅度相當大。

　　12 月 6 日當日，主力機構開高衝高回落，收出一顆假陰真陽十字星（高位或相對高位十字星，又稱為黃昏之星），成交量較前一交易日放大，顯露出主力機構利用盤中開高、拉高吸引跟風盤震盪出貨的痕跡。

　　此時，股價遠離 30 日均線且漲幅很大，KDJ 等部分技術指標開始走

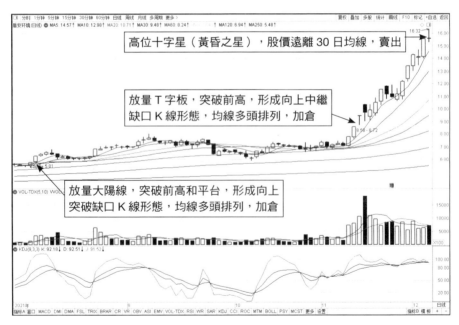

▲ 圖 4-19　盾安環境走勢圖

弱，盤面的弱勢特徵已經顯現。像這種情況，投資人如果手中還有當天沒有出完的籌碼，次日應該逢高賣出。

4-2-2　會有最後一波快速拉升，當天要認真盯盤

實際操盤中，投資人可以在向上中繼缺口跳空開高當天認真盯盤分析。若在收盤前基本上能確定向上中繼缺口不可能回補，就可以快速進場買進籌碼；若當天是漲停突破，則可搶漲停板買進或在次日集合競價時掛買單排隊買進。

特別是對於漲停突破形成向上中繼缺口K線型態的個股，在接下來的2個交易內，只要有進場的機會都可以買進。當然，對於主力機構連續拉出漲停板，特別是一字板且漲幅較大的個股，可以等其回檔洗盤結束、回檔（回抽）確認後，視情進場逢低買進。

一般情況下，個股向上中繼缺口K線型態形成後，主力機構會展開一波最後的快速拉升行情，且漲幅可觀。但如果大盤突變或公司突發利空消息等，向上中繼缺口可能瞬間被回補。

為保證資金的安全，投資人在操盤中還是應該設置停損，可將停損位設置在向上中繼缺口下沿處。如果股價向下跌破缺口下沿，回補了缺口，已經進場的投資人可以先賣出，先追蹤觀察；沒有進場的就暫時不要盲目跟進了。

第 5 課

技巧篇

想要短線漲漲跌跌賺價差，祕密武器是……

向上普通缺口短時間內會回補，是短線操作的好機會

向上普通缺口 K 線型態，又稱為一般性向上跳空缺口，或臨時性向上跳空缺口 K 線型態。是由於臨時利多因素或整理、反轉等型態需要，引發的向上跳空缺口 K 線型態。

5-1-1　出現在整理或轉勢型態中，成交量相對小

❖ 型態分析

向上普通缺口 K 線型態，是大盤指數或個股股價在短時間內的一種向上運動，不是一種新的上升趨勢的形成。在利多出盡、大盤穩定或型態形成後，向上普通缺口會迅速被回補。

相對於個股來說，向上普通缺口一般在密集成交區域出現，大多會出現在整理或轉勢型態之中，成交量相對較小，缺口會很快被回補，時間一般在 3～5 天之內。

向上普通缺口回補快的特徵，也給做短線的投資人帶來簡便快捷的操作機會。當個股向上普通缺口出現當日，若缺口幅度較大，同時在即將收盤前預感到缺口不可能被回補，就可以趕在收盤前進場買進股票。

針對一些縮量嚴重比如換手率已經極低（1.5% 以下）的個股，如果向上普通缺口出現當天沒能進場買進的話，也可以在次日逢低買進。投資

人進場後，一般在缺口上方的相對高點，就應該逢高賣出籌碼獲利了結。
但也要注意盯盤，時刻關注股價動向，一旦發現上漲困難，出現滯漲或放
量整理下跌情況，就要及時賣出手中籌碼，落袋為安。

❖ 實戰運用

圖 5-1 是新動力 2021 年 8 月 17 日的 K 線走勢圖。將 K 線走勢縮小
後可以看出，此時個股走勢處於高位下跌後的大幅震盪整理趨勢之中。股
價從 2015 年 7 月 1 日的最高價 50.33 元，一路震盪下跌至 2019 年 1 月 31
日最低價 1.65 元止跌。下跌時間長、跌幅大，期間有過多次反彈，且反
彈幅度較大。2019 年 1 月 31 日止跌後，主力機構展開長期大幅度的震盪
整理行情，高賣低買獲利與洗盤吸籌並舉。

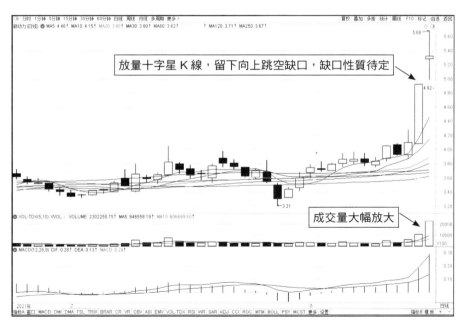

▲ 圖 5-1 新動力走勢圖

2021 年 3 月 16 日，個股股價從前期相對低位，再次反彈至當日最高價 4.60 元回落，展開回檔洗盤和橫盤震盪整理行情。橫盤震盪整理行情持續 5 個月後，8 月 16 日個股開低收出一個大陽線漲停板，突破前高和平台，成交量較前一交易日明顯放大。此時均線呈多頭排列，MACD、KDJ 等技術指標走強，股價的強勢特徵相當明顯。像這種情況，投資人可以在當日或次日進場，逢低加倉買進籌碼。

8 月 17 日當日，個股跳空開高，收出一根帶長上下影線的陽十字星 K 線，留下向上跳空缺口（缺口較小），成交量較前一交易日放大 2 倍多。當日不能確定這個向上跳空缺口，屬於向上突破缺口還是向上普通缺口。投資人當日如想進場買進的話，都能如願以償。

但從當日分時盤面來看，早盤股價大幅開高衝高回落、下午尾盤拉高震盪至收盤，成交量大幅放大，應該考慮主力機構短線行為的可能性較大，投資人需謹慎操盤。

圖 5-2 是新動力 2021 年 8 月 18 日的 K 線走勢圖。從 K 線走勢可以看出，該股 8 月 17 日向上跳空開高，收出一根帶長上下影線的陽十字星 K 線，留下向上跳空缺口。18 日主力機構大幅開低，收出一根大陽線（盤中一度漲停，收盤漲幅 17.48%），成交量與前一交易日基本上持平。

結合當日分時走勢和成交量來看（當日換手率達到 31.79%），顯露出主力機構邊拉升邊出貨，以及高位震盪出貨的跡象。鑑於 3 個交易日的漲幅較大，特別是 17 日、18 日成交量過於放大的盤面現狀，投資人應該在當日收盤前賣出手中籌碼，或者至少賣出一半手中籌碼。

圖 5-3 是新動力 2021 年 8 月 25 日的 K 線走勢圖。從 K 線走勢可以看出，8 月 18 日個股收出一根大陽線之後，股價沒有延續此前的上漲走勢。

8 月 19 日個股大幅跳空開低，收出一根大陰線（當日收盤以最低價報收，跌幅 14.56%），成交量較前一交易日明顯萎縮。像這種情況，前

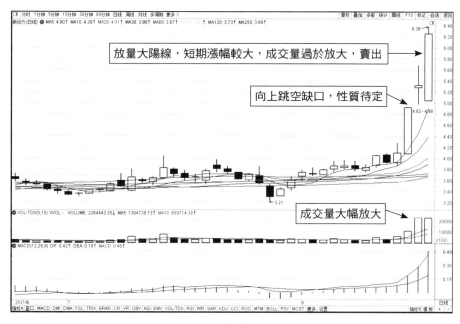

放量大陽線，短期漲幅較大，成交量過於放大，賣出

向上跳空缺口，性質待定

成交量大幅放大

▲ 圖 5-2　新動力走勢圖

期進場的投資人當日應該果斷清倉，此後股價展開下跌整理。

　　8 月 25 日當日，個股跳空開低，收出一根陰十字星，將 8 月 17 日的向上跳空缺口封閉，且留下向下跳空缺口。當日股價跌破 10 日均線且收在 10 日均線下方，5 日均線即將下穿 10 日均線死亡交叉，MACD、KDJ 等技術指標走弱，股價的弱勢特徵已經非常明顯，後市看跌。

　　回過頭來分析 8 月 17 日的向上跳空缺口，按照一般觀點認為，第一個向上跳空缺口 3 日內沒有回補，應該認定為向上突破缺口。但筆者認為，該缺口之後的上漲行情過於短暫，投資人還沒反應過來，或者說剛進場行情就結束了。所以應該將該缺口認定為向上普通缺口，缺口型態為向上普通缺口 K 線型態。

　　圖 5-4 是藍英裝備 2021 年 7 月 30 日的 K 線走勢圖。將 K 線走勢縮

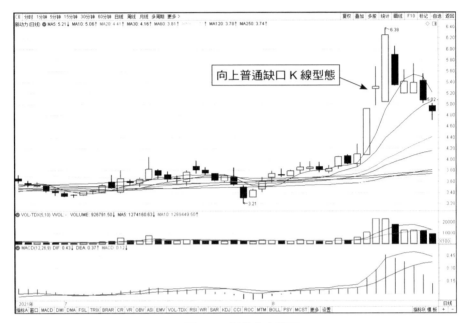

▲ 圖 5-3 新動力走勢圖

小後可以看出，此時個股走勢處於高位下跌後的大幅震盪整理趨勢之中。股價從 2020 年 7 月 13 日的最高價 36.25 元，一路震盪下跌至 2021 年 2 月 8 日最低價 9.92 元止跌，下跌時間雖然不是很長，但跌幅大。隨後主力機構快速推升股價，收集籌碼。

2021 年 3 月 9 日，股價推升至當日最高價 18.30 元回落，主力機構展開回檔洗盤和橫盤震盪整理行情，洗盤吸籌。震盪整理行情持續 4 個多月後，7 月 29 日個股開高收出一個大陽線漲停板，突破前高和平台，成交量較前一交易日明顯放大。

此時，均線（除 250 日均線外）呈多頭排列，MACD、KDJ 等技術指標走強，股價的強勢特徵相當明顯。像這種情況，投資人可以在當日或次日進場，逢低加倉買進籌碼。

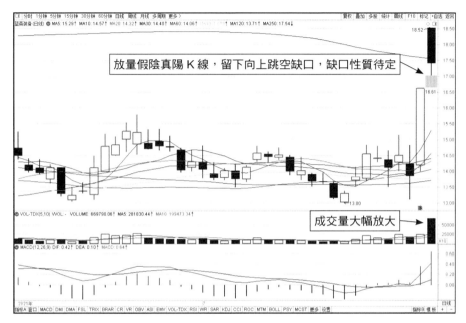

放量假陰真陽 K 線，留下向上跳空缺口，缺口性質待定

成交量大幅放大

▲ 圖 5-4　藍英裝備走勢圖

　　7 月 30 日當日，個股大幅跳空開高，收出一根略帶下影線的假陰真陽 K 線，留下向上跳空缺口（缺口較大），成交量較前一交易日放大 2 倍多。當日並不能確定這個向上跳空缺口，到底屬於向上突破缺口還是向上普通缺口。投資人當日如想進場買進的話，都能如願以償。

　　但從當日的分時走勢看，股價大幅開高衝高震盪回落、下午尾盤拉高再震盪回落至收盤。成交量較前一交易日放大近 3 倍，當日換手率 24.81%，應該考慮主力機構短線行為的可能性較大，投資人需謹慎操盤。

　　圖 5-5 是藍英裝備 2021 年 8 月 2 日的 K 線走勢圖。從 K 線走勢可以看出，該股 7 月 30 日向上跳空開高，收出一根略帶下影線的假陰真陽 K 線，留下向上跳空缺口。當日（8 月 2 日）主力機構大幅開低，收出一根帶長上影線的大陽線，成交量較前一交易日略萎縮。

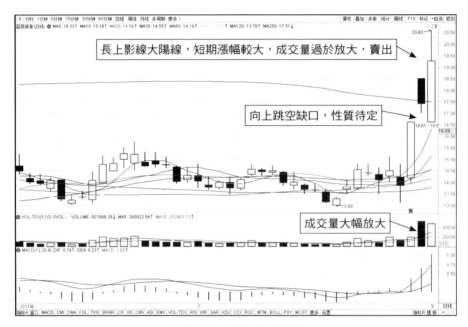

▲ 圖 5-5　藍英裝備走勢圖

　　結合當日分時走勢和成交量來看（當日換手率 22.29%），顯露出主力機構邊拉升邊出貨，以及拉高震盪出貨的跡象。鑑於 3 個交易日的漲幅較大，特別是 30 日、8 月 2 日成交量過於放大的盤面現狀，投資人應該在當日收盤前賣出手中籌碼，或者至少賣出一半手中籌碼。

　　圖 5-6 是藍英裝備 2021 年 8 月 17 日的 K 線走勢圖。從 K 線走勢可以看出，8 月 2 日個股收出一根帶長上影線的大陽線之後，股價沒有延續此前的上漲走勢。

　　8 月 3 日個股大幅跳空開低，收出一根中陰線（當日跌幅 6.74%），成交量較前一交易日明顯萎縮。像這種情況，手中還有籌碼的投資人當日應該清倉，此後股價展開下跌整理。

　　8 月 17 日當日，個股跳空開低衝高回落，收出一根略帶上影線的中

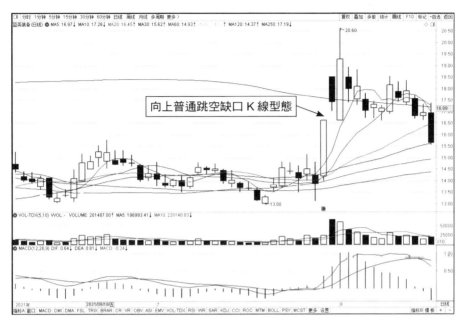

向上普通跳空缺口 K 線型態

▲ 圖 5-6　藍英裝備走勢圖

陰線（當日跌幅 7.79%），成交量較前一交易日明顯放大，將 7 月 30 日的向上跳空缺口封閉。當日股價向下穿破 30 日均線，5 日均線向下穿過 10 日均線死亡交叉，MACD、KDJ 等技術指標走弱，股價的弱勢特徵已經非常明顯，後市看跌。

　　由於 8 月 2 日向上跳空缺口之後的上漲行情過於短暫，投資人還沒反應過來，或者說剛進場行情就結束了，應該將此缺口認定為向上普通缺口，缺口型態為向上普通缺口 K 線型態。

　　圖 5-7 是海源復材 2021 年 6 月 23 日的 K 線走勢圖。將 K 線走勢縮小後可以看出，此時個股走勢處於高位下跌止跌之後的上升趨勢中。該股股價從前期相對高位 2021 年 1 月 28 日的最高價 8.20 元回落，主力機構展開回檔洗盤和橫盤震盪整理行情。

6 月 23 日，震盪整理行情持續 4 個多月後，主力機構當日漲停開盤，收出一字漲停板，突破前高和平台，留下向上跳空缺口，成交量較前一交易日放大 2 倍多。當日一字漲停的原因是，該股自 2021 年 6 月 22 日起撤銷退市風險警示，股票簡稱由 *ST 海源變更為海源復材，證券代碼不變仍為 002529，股票交易日漲跌幅限制由 5% 恢復為 10%。

那麼，如何認定這個向上跳空缺口的性質？大概絕大多數投資人都會認為，一定是向上突破缺口無疑了。此時均線呈多頭排列，MACD、KDJ 等技術指標走強，股價的強勢特徵相當明顯。像這種重大利多的一字漲停板，投資人想在當日開盤後搶漲停板買進，難度還是比較大的，只能等下一交易日視情況尋機跟進。

圖 5-8 是海源復材 2021 年 6 月 28 日的 K 線走勢圖。從 K 線走勢可以

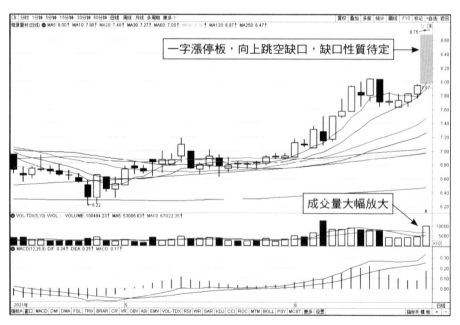

▲ 圖 5-7　海源復材走勢圖

看出，6 月 23 日個股收出一字漲停板之後，股價並沒有延續此前的強勢上漲走勢。

6 月 24 日個股開高回落，收出一根大陰線（當日跌幅 7.77%），成交量較前一交易日放大 3 倍多。像這種情況，前期進場的投資人當日應該先賣出手中籌碼，追蹤觀察。

6 月 25 日，個股開低衝高回落，收出一根帶上下影線的中陰線（當日跌幅 2.60%），成交量較前一交易日大幅萎縮，將 6 月 23 日的一字板向上跳空缺口封閉。此時，可認定該缺口為向上普通缺口，缺口型態為向上普通缺口 K 線型態。

6 月 28 日當日，個股平開回落，收出一根大陰線（當日跌幅 4.33%），成交量較前一交易日再度萎縮，當日股價跌破 20 日均線且收在 20 日均線下

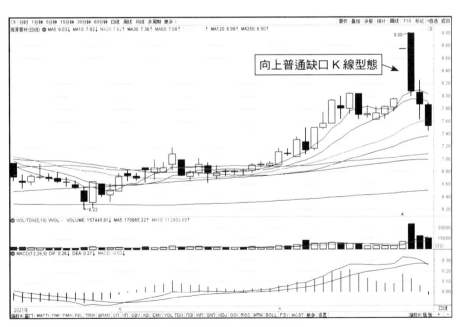

▲ 圖 5-8　海源復材走勢圖

方，5 日、10 日均線已經拐頭向下，MACD、KDJ 等技術指標走弱，股價的弱勢特徵已經相當明顯。這種走勢在投資人看來，後市看跌無疑。

圖 5-9 是海源復材 2021 年 8 月 25 日的 K 線走勢圖。從 K 線走勢可以看出，該股 8 月 23 日一字漲停板之後，股價連續 3 個交易日下跌，收出 3 根大（中）陰線，封閉了前期一字板向上跳空缺口。

正當投資人都以為下跌行情將持續的時候，6 月 29 日主力機構開低，收出一個大陽線漲停板，突破前高（吞沒之前 3 根陰線中的 2 根），成交量較前一交易日略萎縮。當日股價向上穿過 5 日、10 日、20 日均線（一陽穿 3 線），30 日、60 日、90 日、120 日和 250 日均線在股價下方向上運行。

均線蛟龍出海型態形成，短中長期均線呈多頭排列，MACD、KDJ

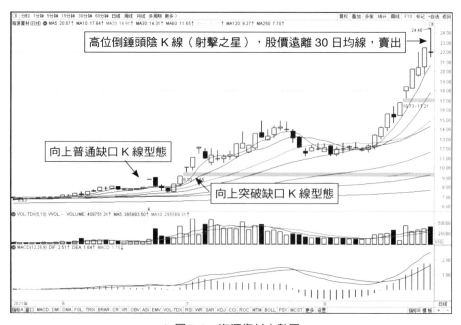

▲ 圖 5-9　海源復材走勢圖

等技術指標開始走強，股價的強勢特徵十分明顯。像這種情況，投資人可以在當日或次日進場，逢低加倉買進籌碼，此後主力機構快速拉升股價。

8 月 25 日當日，主力機構開低衝高回落，收出一根長上影線倒錘頭陰 K 線（高位倒錘頭 K 線，又稱為射擊之星或流星線），成交量較前一交易日放大，顯露出主力機構利用盤中拉高，吸引跟風盤震盪出貨的痕跡。此時，股價遠離 30 日均線且漲幅很大，KDJ 等部分技術指標開始走弱。像這種情況，投資人手中如果還有當天沒有出完的籌碼，次日應該逢高賣出，可繼續跟蹤觀察。

回過頭再來分析 8 月 23 日的一字板向上跳空缺口，主力機構當日漲停開盤的操盤目的可能如下：一是經由一字漲停板控制投資人因為利多消息，而進場（逢低）買進；二是以漲停的方式收集籌碼。

24 日、25 日、28 日連續 3 個交易日，下跌的操盤目的應該如下：給投資人造成「利多出盡即利空」的錯覺，趁勢打壓洗盤大量收集籌碼，表示主力機構胸懷大格局、目標遠大。

從以上分析可以看出，主力機構開高留下向上跳空缺口（特別是漲停板向上跳空缺口），是有其謀劃運作意圖和動機的，每個缺口的前後都隱藏著主力機構不可告人的操盤目的。

從實際操盤上看，每個普通缺口的後期走勢中，一定還會有其他的缺口。有的普通缺口，就像是即將發起衝鋒的戰鬥預令，距離衝鋒陷陣、殊死搏鬥已經不遠了。

5-1-2 98% 以上都會被回補，需謹慎操作

實際操盤中，向上普通缺口出現頻率很高，但 98% 以上的向上普通缺口都會被回補，投資人要謹慎對待，不能看見向上跳空缺口就追漲。

可以對下跌時間長、跌幅大，或股價經過較長時間震盪整理之後出現

的向上普通缺口，分析其成交量、換手率、均線趨勢、MACD 等技術指標情況，從而預測股價後市走向。因為向上普通缺口後面還有其他缺口的出現，這對掌握個股後期走勢非常有益。

作為投資人，還是要設置好停損位，可設置在向上普通缺口下沿處。如果股價向下穿破缺口下沿回補了缺口，已經進場的投資人最好先賣出，沒有進場的就暫時不要盲目入場了。

5-2

向上填權缺口出現時，
要小心主力操盤行為

　　除權缺口是由於個股除權（除息）引起股價變動而留下的缺口，由於市場中多數投資人對除權缺口個股未來預期看好，使得個股股價除權後再度快速上漲回補該缺口，從而形成向上填權缺口 K 線型態。

5-2-1　除權息而產生的缺口，你要注意……

❖ 型態分析

　　向上填權缺口 K 線型態，是指個股在除權（除息）後，股價在階段時間內上漲，於某個交易日收盤價高於除權（除息）前的價格，回補因除權（除息）留下的缺口，走出上漲填權行情的 K 線型態。

　　除權（除息）缺口，應該說是由於制度原因，所形成之沒有實際趨勢意義的中性缺口。它並不是由於交易行為所產生的，而是個股股價在上市公司除權（除息）後，股本擴張導致股價出現的除權（除息）缺口，K 線走勢上表現為除權（除息）價與股權登記日的收盤價之間的跳空。這種跳空缺口的出現，容易被投資人所接受，為股價在新的一波行情中提供上升動力和空間，誘發填權行情。

　　並不是所有高配股個股都會走出填權行情，如果是主力機構在除權（除息）前，經由高配股預期概念拉高股價悄悄出貨，主力機構已經實現

操盤目的和意圖的個股，除權（除息）後不但不能走出填權行情，還有可能走出貼權行情。

❖ 實戰運用

圖 5-10 是上能電氣 2021 年 7 月 22 日的 K 線走勢圖。該股 2020 年 4 月份上市，股本小、未來成長預期高。從個股 K 線走勢看，2020 年 4 月 10 日上市後，由於受大盤下跌及橫盤震盪的影響，當時上漲幅度不是很大沒有被炒作。

2021 年 4 月 21 日除權息實施預案公佈前後，該個股也沒有大幅被炒作。只是在股權登記日前三個交易日，有過一波較大幅度的拉升，應該是主力機構快速吸籌建倉。從該個股整體情況看，除權（除息）後很大可能

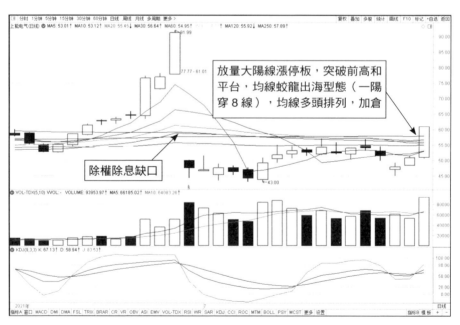

▲ 圖 5-10　上能電氣走勢圖

會走出一波上漲填權行情。

6 月 30 日除權（除息）後，主力機構展開震盪整理行情，震盪幅度不大，K 線走勢陽多陰少、紅肥綠瘦，成交量呈放大狀態。

7 月 22 日主力機構開高，拉出一個大陽線漲停板，突破前高和平台，成交量較前一交易日明顯放大。當日股價向上穿過 5 日、10 日、20 日、30 日、60 日、90 日、120 日和 250 日均線（一陽穿 8 線）。均線蛟龍出海型態形成，均線呈多頭排列（除 20 日、120 日均線外），MACD、KDJ 等各項技術指標走強，股價的強勢特徵已經十分明顯，填權行情已經展開。像這種情況，投資人可以在當日或次日進場，逢低加倉買進籌碼。

圖 5-11 是上能電氣 2021 年 8 月 10 日 K 線走勢圖。從該股 K 線走勢可以看出，主力機構 7 月 22 日拉出一個放量大陽線漲停板（一陽穿 8 線），

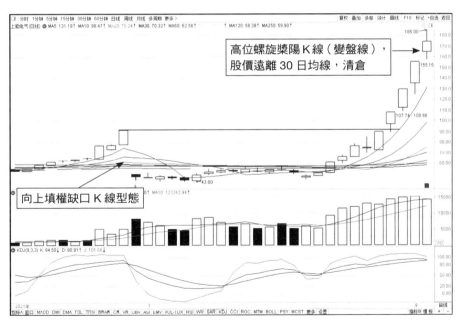

▲ 圖 5-11　上能電氣走勢圖

突破前高和平台，展開上漲填權行情。

從上漲填權行情走勢看，主力機構依托5日均線向上快速拉升股價（前幾個交易日投資人還是有很多逢低買進機會），股價幾乎呈直線上升。從7月22日至8月10日9個交易日，共拉出8根陽K線，其中有5個大陽線漲停板，上漲幅度非常可觀。

8月10日當日，主力機構大幅開高衝高回落，收出一根帶長上下影線的螺旋槳陽K線（高位螺旋槳K線，又稱之為變盤線或轉勢線），成交量較前一交易日略有萎縮，顯露出主力機構利用開高、盤中拉高吸引跟風盤震盪出貨的痕跡。此時，股價遠離30日均線且漲幅很大，KDJ等部分技術指標開始走弱。像這種情況，投資人當天手中如果還有沒有出完的籌碼，次日應該逢高清倉。

圖5-12是回盛生物2021年5月13日的K線走勢圖。該股2020年8月上市，股本小、未來成長預期高。從個股K線走勢看，2020年8月24日上市當日，由於受當時大盤盤整下跌的影響，上漲幅度不大，25日開低走高最高價達到87.99元衝高回落，收盤價78.11元。

此後股價一路下跌，最低價跌至2021年1月11日的35.31元，差點跌破發行價，與上市之初的最高價相比跌去一半多，該個股也沒有大幅上漲過。從該個股整體情況看，除權（除息）後很大可能會走出一波上漲填權行情。

5月10日除權（除息），11日股價下跌整理一個交易日，5月12日主力機構開低收出一根錘頭陽K線，低位錘頭線意味著多方力量已佔據主導地位，股價即將觸底反彈。

5月13日主力機構開低，收出一根中陽線（漲幅6.81%），吞沒前3根小K線，成交量較前一交易日大幅放大。此時KDJ等部分技術指標有走強的跡象，股價的強勢特徵開始顯現，填權行情已經展開。像這種情況，投資人可以在當日或次日進場，逢低買進籌碼。

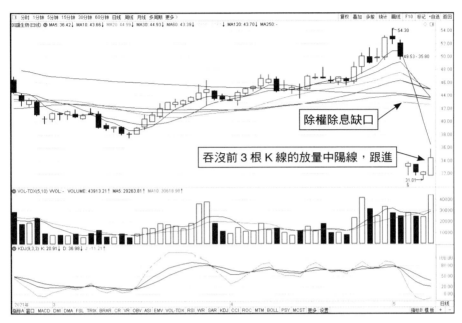

圖中文字：
除權除息缺口

吞沒前 3 根 K 線的放量中陽線，跟進

▲ 圖 5-12　回盛生物走勢圖

　　圖 5-13 是回盛生物 2021 年 6 月 8 日的 K 線走勢圖。從該股 K 線走勢可以看出，主力機構 5 月 13 日收出一根放量中陽線，吞沒前 3 根小 K 線，展開上漲填權行情。

　　從上漲填權走勢來看，主力機構依托 5 日均線，採取震盪盤升的操盤手法拉升股價，邊拉升邊強勢整理洗盤，整體上漲填權走勢順暢。

　　6 月 8 日當日，主力機構開低衝高回落，收出一根陰十字星（高位或相對高位十字星又稱之為黃昏之星），成交量較前一交易日萎縮，顯露出主力機構利用盤中拉高吸引跟風盤震盪出貨的痕跡。此時，股價遠離 30 日均線且漲幅較大，KDJ 等部分技術指標開始走弱。像這種情況，投資人手中如果還有當天沒有出完的籌碼，次日應該逢高清倉。

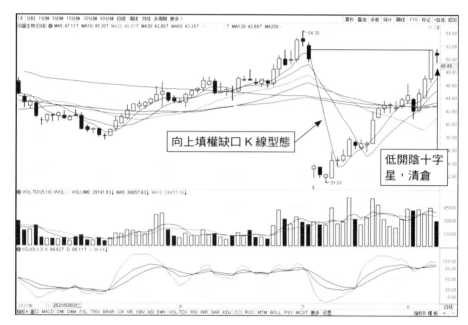

向上填權缺口K線型態

低開陰十字星，清倉

▲ 圖 5-13　回盛生物走勢圖

　　圖 5-14 是博匯股份 2021 年 8 月 2 日的 K 線走勢圖。該股 2020 年 6 月上市，股本小、未來成長預期高。從個股 K 線走勢看，2020 年 6 月 30 日上市後，連續拉出 4 個漲停板，上漲幅度比較大。高位展開橫盤震盪整理後下跌整理，一直下跌至除息前的 7 月 5 日最低價 19.34 元，與上市之初的最高價相比，股價跌了一半之多。

　　2021 年 4 月 26 日該個股正處於跌勢之中，從整體情況看，除權（除息）後有可能走出一波上漲填權行情。

　　2021 年 7 月 13 日除權（除息），股價震盪整理多個交易日後，主力機構展開挖坑洗盤行情，至 7 月 28 日最低價 13.35 元止跌回升。

　　8 月 2 日，主力機構開低，拉出一個大陽線漲停板（一陽穿 3 線），突破坑沿，成交量較前一交易日放大 8 倍多。此時，5 日均線上穿 10 日均

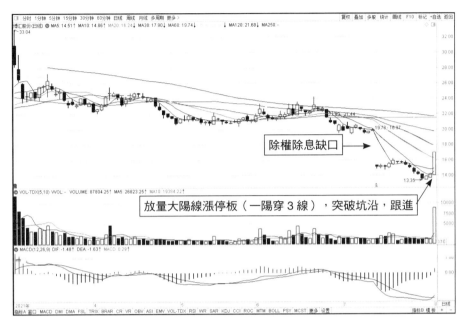

除權除息缺口

放量大陽線漲停板（一陽穿 3 線），突破坑沿，跟進

▲ 圖 5-14　博匯股份走勢圖

線形成黃金交叉，MACD、KDJ 等技術指標開始走強，股價的強勢特徵已經顯現，填權行情已經展開。像這種情況，投資人可以在當日或次日進場，逢低分批買進籌碼。

圖 5-15 是博匯股份 2021 年 9 月 6 日的 K 線走勢圖。從該股 K 線走勢可以看出，主力機構 8 月 2 日拉出一個放量大陽線漲停板（一陽穿 3 線），突破坑沿後，展開上漲填權行情。

8 月 3 日主力機構開高衝高回落，收出一根長上影線中陽線，成交量較前一交易日明顯放大，展開震盪整理洗盤行情。像這種情況，投資人可以在當日或次日逢高先賣出手中籌碼，待整理到位後再接回來。

8 月 23 日主力機構開低，收出一根大陽線，一陽吞 4 線，突破前高和震盪整理洗盤平台，成交量較前一交易日放大 3 倍多。當日股價向上穿

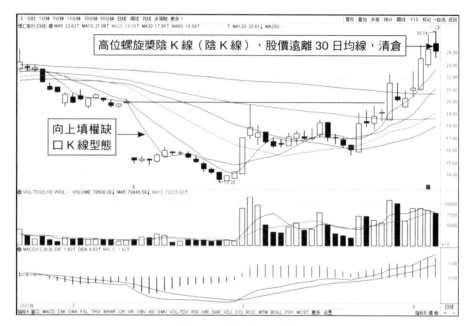

▲ 圖 5-15　博匯股份走勢圖

過5日、10日、20日、30日均線（一陽穿4線），MACD、KDJ等各項技術指標走強，股價的強勢特徵已經顯現。像這種情況，投資人可以在當日或次日進場，逢低加倉買進籌碼。此後，主力機構展開快速向上填權行情。

　　9月6日當日主力機構開高衝高回落，收出一顆陰十字星K線（高位或相對高位十字星又稱之為黃昏之星），成交量較前一交易日略有萎縮，顯露出主力機構利用開高、盤中拉高吸引跟風盤震盪出貨的痕跡。此時股價遠離30日均線且漲幅較大，KDJ等部分技術指標開始走弱。像這種情況，投資人手中如果還有當天沒有出完的籌碼，次日應該逢高清倉。

　　圖5-16是譜尼測試2021年5月14日的K線走勢圖。該股2020年9月上市，股本小、未來成長預期高。從個股K線走勢看，由於受大盤下跌盤

整的影響，2020 年 9 月 16 日該股上市當天衝高回落，9 月 17 日開高衝高至最高價 130.90 元回落，收盤價 115.60 元。隨後股價一路下跌，最低價跌至 2021 年 2 月 8 日的 71.35 元，跌幅還是比較大的。

之後股價有所上漲，股價正處於震盪整理階段，從整體情況看，除權（除息）後有可能走出一波上漲填權行情。

4 月 22 日除權（除息）後，主力機構展開震盪整理洗盤行情，震盪幅度不大，K 線走勢陽多陰少、紅肥綠瘦，成交量呈放大狀態。

5 月 14 日主力機構跳空開高，收出一根大陽線（漲幅 7.20%），突破前高和平台，留下向上突破缺口，成交量較前一交易日明顯放大。此時，5 日均線上穿 10 日均線形成黃金交叉，MACD、KDJ 等技術指標走強，股價的強勢特徵已經顯現，填權行情已經展開。像這種情況，投資人可以

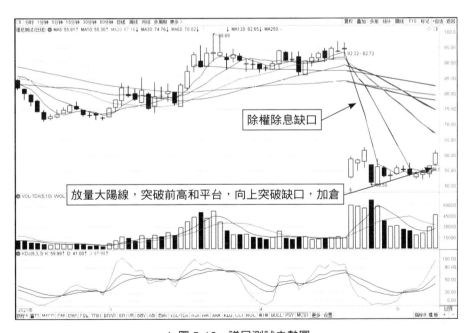

▲ 圖 5-16　譜尼測試走勢圖

在當日或次日，進場逢低加倉買進籌碼。

圖5-17是譜尼測試2021年6月22日的K線走勢圖。從該股K線走勢可以看出，主力機構5月14日收出一根放量大陽線，突破前高和平台，留下向上突破缺口，展開上漲填權行情。

從上漲填權走勢看，主力機構依托5日均線，採取震盪盤升的操盤手法拉升股價。期間展開兩次強勢整理洗盤，第二次整理洗盤幅度較大，股價跌破20日均線但很快拉回，整體上漲填權走勢還算順暢。

6月22日當日主力機構開高衝高回落，收出一根小錘頭陰K線（高位的錘頭線，又稱為上吊線或吊頸線）。成交量較前一交易日略有萎縮，加上之前的兩顆十字星，透露出主力機構利用開高、盤中拉高吸引跟風盤震盪出貨的痕跡。

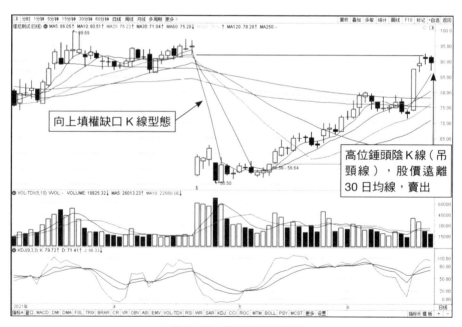

▲ 圖5-17　譜尼測試走勢圖

此時，股價遠離 30 日均線且漲幅較大，KDJ 等部分技術指標開始走弱。像這種情況，投資人手中如果還有當天沒有出完的籌碼，次日應該逢高清倉。

5-2-2　跟進時也要謹慎操作，填權就要果斷出場

如何預選有可能走出填權行情的個股，是投資人十分關注的問題。其實，我們可以在每年年中和年末，高除權息概念炒作行情中，適當關注那些除權息比例不是很大、股本小、總體漲幅不是太大、股價不是太高、後市還有上行潛力的次新股。這些個股容易受主力資金、未來成長預期、概念炒作等因素的影響，走出填權行情。

但投資人跟進這類個股後，也要謹慎操盤，對於走出填權行情的個股，如短線指標發出見頂訊號，成交量同步放大的話要及時獲利了結，落袋為安。對股價累計漲幅不大，成交量卻持續放大的假填權，要果斷出貨清倉。

第三部

12 個案例教你，
看圖就能輕鬆買低賣高！

第 6 課

漲停實戰案例

看懂主力法人，把股票
拉到漲停的常見手法！

漲停，是指股票的漲幅達到了交易所規定的最高限制，即個股每天的最大漲幅，不能超過前一交易日的百分比。

　　強勢漲停可以立即啟動一波行情，也可以立即推動一波行情的飆升。股票不會無緣無故地漲停，只有主力機構早就進駐其中，且按照其計畫目標謀劃運作過的個股才有機會漲停。每一支漲停個股的背後都有主力資金提前佈局、精心設計運作的影子，投資人要認真分析目標股票漲停的成因，謹慎對待。

　　強勢漲停出現在個股的上升趨勢中。若出現在個股的上漲初期，是主力機構用以拉高吸籌建倉所需，屬於建倉型漲停；若出現在股價上漲的中期，則是主力機構用以拉高洗盤補倉所需，屬於洗盤型漲停；若出現在相對高位，則是主力機構用以拉出利潤空間、吸引跟風盤以便出貨，屬於出貨型漲停。

　　操盤時不管主力機構還是一般投資人，每天都有很多人在追逐漲停，追逐漲停是廣大投資人短線操作的重要手段和方法之一。關於漲停的分類方式很多，以下將漲停劃分為一字漲停板、T字漲停板和普通漲停板三種。

　　強勢漲停 K 線型態，是指發生在個股啟動上漲行情，或持續上漲行情中由漲停板所形成的強勢 K 線型態。該 K 線型態個股由多方力量佔據主導地位，所形成的漲停板對股價回落有較強的支撐作用，是啟動上漲行情或拉升行情，極具實戰價值的強勢 K 線型態。

　　本課我們著重說明實戰操盤中，個股啟動上漲或持續上漲行情所形成的一字漲停、T字漲停和普通漲停 K 線型態。由於個股在下跌途中或下降通道中出現的漲停，不屬於強勢漲停 K 線型態範疇，就不作分析了。

6-1

一字漲停 K 線型態是主力常用手法，值得投資人研究

　　一字漲停 K 線型態是最強勢、最重要的 K 線技術型態，當然也是主力機構提前預知「利多」，經由精心謀劃拉出來的漲停 K 線型態。

6-1-1　3 種一字漲停 K 線的不同操作

❖ 型態分析

　　一字漲停 K 線型態以其出現時期的不同，可分為初期突然啟動的一字漲停 K 線型態，和中繼加速的一字漲停 K 線型態。

　　操盤中，一字漲停 K 線型態出現的時機比較多。主要以超跌反彈、長期停牌之後因利多補漲、中繼強勢上攻、重大利多消息突發等等，所形成的一字漲停 K 線型態為主。

　　一字漲停 K 線型態是主力機構逐利的重要目標股票，同時也值得廣大散戶追蹤關注，因為許多飆股就是從一字漲停 K 線型態中走出來的。

　　對於一字漲停 K 線型態，投資人要有區別地看待。一是個股經過長期下跌走出底部而抬頭向上，或者長期橫盤有突破態勢，從集合競價來看，個股開盤後有高機率一字漲停趨勢的個股。膽子大的投資人可以在 9:15 分集合競價一開始，就直接以漲停價掛買單排隊，起碼能保證在時間上優先；若漲停板開盤，委託買單很有可能在後來的零星交易中成交。

二是開盤後發現個股一字漲停且是第一個一字漲停，可以直接掛買單排隊搶漲停板，成交的機率雖然不太大，但還是有機會的。三是對一字漲停後的第 2、3 個一字漲停板，仍採取在 9:15 分集合競價一開始，就直接以漲停價掛買單排隊等候的辦法，保證在時間上優先。

投資人對一字漲停 K 線型態要更慎重看待，因為一字漲停後的次日並不一定繼續漲停或大漲。有時頭一交易日一字漲停，次日卻不漲反跌，但只要沒有完全回補缺口，仍可謹慎持股。

這就需要投資人平時多做功課，做好尋找、甄選和追蹤目標股票的工作。找出那些前期有過漲停，位置不是太高、首次出現一字漲停的股票，加入自選股擇優選擇，在第 2、3 個一字漲停集合競價時掛買單排隊等候。為保險起見，超過 5 個一字漲停板的個股，除了特別強勢的最好別盲目跟進，但可追蹤觀察。

❖ 實戰運用

圖 6-1 為中銀絨業 2021 年 6 月 8 日的 K 線走勢圖，這是股價上漲途中出現的一字漲停 K 線型態。該股之前是特別處理個股，名稱為 *ST 中絨。自 2000 年 7 月 6 日上市後，最高價由 2000 年 12 月 18 日的 27.60 元，然後一路震盪下跌，最低價跌至 2020 年 12 月 31 日的 1.01 元止跌回升。

2021 年 6 月 8 日，主力機構漲停開盤，當日形成一字漲停 K 線型態，漲停原因為破產重整＋鋰電池概念。2021 年 3 月 31 日公告披露，公司擬簽署相關協議，經由合夥企業以 4200 萬元增資，並收購聚恒益新材料 100% 股權。以 800 萬元收購鋰古新能源 80% 股權，收購標的主要從事新能源鋰電池正極材料，及石墨材料業務。

2021 年 6 月 7 日，寧夏中銀絨業股份有限公司《關於撤銷公司股票交易退市風險警示及停復牌的公告》稱，公司股票將於 2021 年 6 月 7 日開市起停牌 1 天，自 2021 年 6 月 8 日開市起復牌，並撤銷退市風險警示。撤銷

退市風險警示後，公司證券簡稱由 *ST 中絨變更為中銀絨業，公司證券代碼仍為 000982，股票交易價格日漲跌幅限制由 5% 變更為 10%，起始日為 2021 年 6 月 8 日。

從該股的 K 線走勢可以看出，從 2020 年 12 月 31 日股價探至最低價 1.01 元，到 2021 年 6 月 8 日一字漲停板收盤價 1.63 元，半年時間漲幅還是非常大的。說明「先知先覺」的主力機構和個別散戶，已經先行吸籌建倉，靜待獲利。其實，投資人完全可以按照正常的強勢股選股思路，來選擇目標股票，如此股 6 月 1 日當日及之後 3 個交易日，都是進場的好時機。

6 月 1 日為放量大陽線，一陽穿 4 線，均線（除 30 日均線外）多頭排列，股價的強勢特徵已經非常明顯。

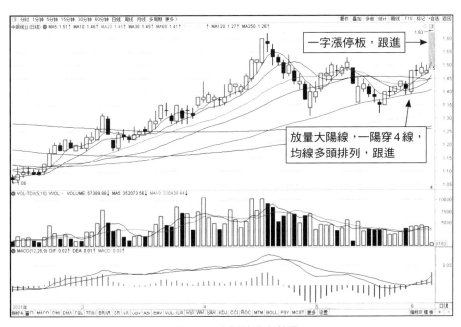

▲ 圖 6-1 中銀絨業走勢圖

當然像這種重大利多、股價漲幅不大的一字漲停板，投資人還是值得一追。

圖 6-2 是中銀絨業 2021 年 6 月 8 日的分時走勢圖，這是第一個一字漲停板當日的分時走勢圖。從當日分時走勢看，該股開盤就封死在漲停板上。投資人每天可以從漲幅排行榜中，去搜索這種一字漲停板，追漲的最佳方式是在 9:15 分集合競價一開始，就直接以漲停價掛買單排隊。如此起碼能保證時間上優先，委託買單很有可能在後來的零星交易中成交。

先動手掛單的投資人，總是能夠有機會買到籌碼，雖然肯賣出籌碼的散戶並不多。從該股份時盤面看，仍舊出現多處放大的成交量，尤其是 9:41 分至 9:49 分，將近 9 分鐘的時間成交還是非常大的。

投資人只要是在 9:15 分集合競價一開始，就直接以漲停價掛買單排

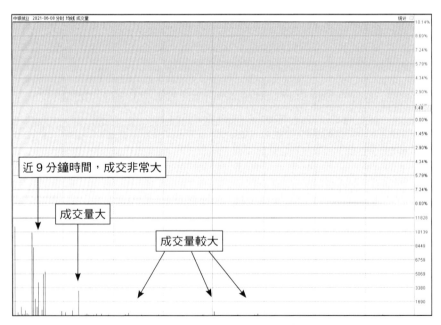

▲ 圖 6-2　中銀絨業分時走勢圖

隊，應該都能成功買進。後面的幾次放量雖然比較小，如果投資人在開盤後才發現一字漲停板，馬上掛單排隊的話，買入的機會也是有的。

圖 6-3 是中銀絨業 2021 年 6 月 9 日的分時走勢圖，這是該股第二個一字漲停板。從分時走勢來看雖然開盤即封漲停板，但開盤後的成交量還是非常大的，如此大量一直持續到 9:55 分。25 分鐘內，只要是在 9:15 分集合競價一開始，就直接以漲停價掛買單排隊，應該都能成功買進。

10:23 分又放了一次大量，一直持續到從 10:40 分，17 分鐘內開盤後馬上掛買單排隊的投資人，買入的機會也是非常大的。一直到下午收盤，較小的成交持續不斷地放出，哪怕是上午早些時候掛買單排隊的投資人，應該也有買進的希望。

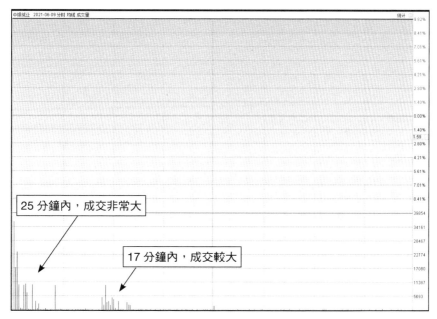

▲ 圖 6-3　中銀絨業分時走勢圖

圖 6-4 是中銀絨業 2021 年 6 月 10 日的分時走勢圖，這是該股第三個一字漲停板。從成交總量來看，當天的成交總量比前一天的要大得多。從分時走勢上看，當天有幾個時段的成交還是比較大的，比如 9:30 分開盤後一直持續到 9:57 分、10:13 分一直持續到 10:21 分、10:39 分一直持續到 11:07 分。這幾個時段基本上形成堆量，只要是在 9:15 分集合競價一開始就直接以漲停價掛買單排隊，應該都能成功買進。

　　14:04 分、14:46 分上千及上萬張的成交也不少，幾十、幾百張的成交更是不計其數，哪怕是上午早些時候掛買單排隊的投資人，應該也有買進的希望。

　　圖 6-5 是中銀絨業 2021 年 6 月 23 日的 K 線走勢圖。該股因為破產重整＋鋰電池概念，主力機構於 6 月 8 日、9 日、10 日連續拉出 3 個一字漲

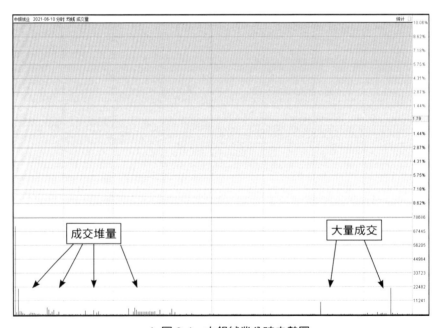

▲ 圖 6-4　中銀絨業分時走勢圖

停板，形成一字漲停 K 線型態。6 月 11 日個股大幅跳空開高，略回落後很快封漲停板，收出一根帶下影線的漲停陽 K 線，預示主力機構即將展開整理洗盤，清洗獲利盤，拉高其他新進場投資人的入場成本。

6 月 15 日個股整理了一天，16 日收出一根長下影線大陽線，說明下方承接力強，多方已佔據主導地位，整理到位。像這種情況，投資人可以在當日收盤前或次日，進場逢低加倉買進籌碼，隨後主力機構展開快速拉升行情。

6 月 23 日當日，主力機構開高衝高回落，收出一根帶上下影線的螺旋槳陽 K 線（高位螺旋槳 K 線，又稱為變盤線或轉勢線）。成交量較前一交易日放大，顯露出主力機構利用開高、盤中拉高吸引跟風盤震盪出貨的痕跡。

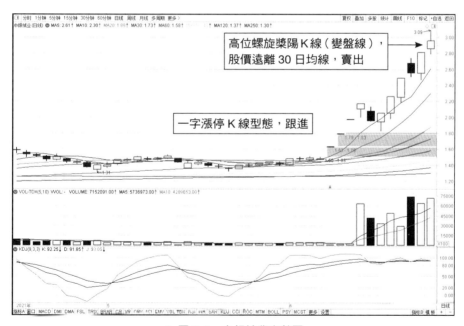

▲ 圖 6-5　中銀絨業走勢圖

此時，股價遠離 30 日均線且漲幅很大，KDJ 等部分技術指標開始走弱。像這種情況，投資人手中如果還有當天沒有出完的籌碼，次日應該逢高賣出，可繼續追蹤觀察。

　　圖 6-6 是融鈺集團 2021 年 5 月 18 日的 K 線走勢圖，這是股價上漲途中出現的一字漲停 K 線型態。該股在 2015 年年初有過一波大漲，最高價由 2015 年 3 月 20 日的 68.27 元，一路震盪下跌，期間沒有什麼像樣的反彈。最低價探至 2021 年 2 月 9 日的 1.86 元止跌，下跌時間長，跌幅大。

　　2 月 9 日止跌後，主力機構快速推升股價，收集籌碼，然後展開橫盤震盪洗盤（挖坑）行情。K 線走勢紅多綠少，紅肥綠瘦。

　　5 月 18 日，個股漲停開盤，形成一字漲停 K 線型態，漲停原因為擬收購＋口腔連鎖＋金融科技概念。5 月 17 日晚公告披露，為改善公司經

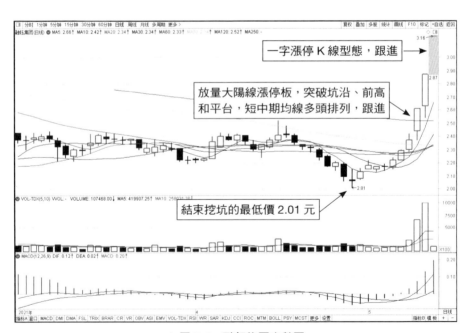

▲ 圖 6-6　融鈺集團走勢圖

營狀況，佈局大健康領域，打造醫療服務新板塊，增強持續獲利能力，公司擬以支付現金方式收購德倫醫療 51% 至 70% 的股權（尚未最終確定股權比例）。

根據初步研究和測算，本次交易構成重大資產重組。德倫醫療主要業務為口腔醫療服務，分為口腔正畸、口腔種植等六大類型。德倫醫療擁有 1 家口腔醫院，18 家直營連鎖門診部，業務已覆蓋廣州主要城區和佛山市順德區，在口腔醫療領域具有較強的區域品牌影響力。

從該個股的 K 線走勢可以看出，止跌回升橫盤整理至 4 月 16 日最高價 2.52 元，主力機構開始挖坑，挖坑至 4 月 29 日最低價 2.01 元，然後開始慢慢向上推升股價。5 月 14 日、17 日連續拉出 2 個大陽線漲停板，顯然是建倉型漲停板；5 月 18 日主力機構拉出一字漲停板，形成一字漲停 K 線型態。

從結束挖坑的 4 月 29 日最低價 2.01 元起，至 5 月 18 日一字漲停板收盤價 3.16 元，共 11 個交易日。時間雖然不長但漲幅非常大，說明「先知先覺」的主力機構和個別散戶，已經先行吸籌建倉，靜待獲利（其實，5 月 14 日的大陽線漲停板突破坑沿、前高和平台，成交量較前一交易日放大 2 倍多，短中期均線呈多頭排列，股價的強勢特徵已經非常明顯，當日或次日都是投資人進場的好時機）。

當然，像這種重大利多、股價較低的一字漲停板，投資人還是值得一追。

圖 6-7 是融鈺集團 2021 年 5 月 18 日開盤後至 9:32 分的分時圖，這是第一個一字漲停板當日開盤後的分時圖。從這 2 分多鐘的分時圖上看，該股雖然是漲停開盤，但盤面右邊的成交明細上所顯示的成交量還是非常大的。投資人只要是在 9:15 分集合競價一開始，就直接以漲停價掛買單排隊，基本上都能成功買進。

一直到下午收盤，成百上千手的成交還是不少的，哪怕是上午早些時

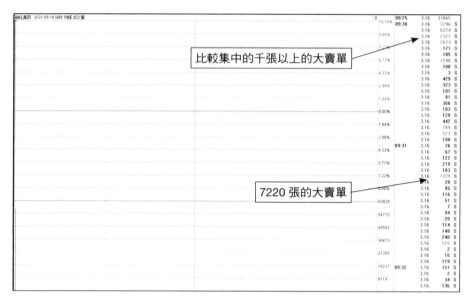

▲ 圖 6-7　融鈺集團分時圖

候掛買單排隊的投資人，同樣有買進的希望，這裡就不再貼出該股當日全天的分時走勢圖了。

　　圖 6-8 是融鈺集團 2021 年 5 月 19 日的分時走勢圖，這是該個股第二個一字漲停板當日的分時走勢。從分時走勢上看雖然漲停開盤，但開盤後的成交量還是比較大的，一直持續到 9:51 分，21 分鐘內形成第一個小堆量。10:08 分開始至 10:10 分左右，2 分鐘內又形成第二個小堆量。

　　除了這兩個小堆量外，一直到下午收盤，百張以上的成交也有很多，尤其是小成交量持續不斷地放出。只要是在當日 9:15 分集合競價一開始就直接以漲停價掛買單排隊的，應該都能成功買進。但當日的總成交量較前一日萎縮，開盤以後才掛買單排隊的投資人，買入的機會可能就比較小了。

　　圖 6-9 是融鈺集團 2021 年 5 月 20 日的分時走勢圖，這是該個股第三

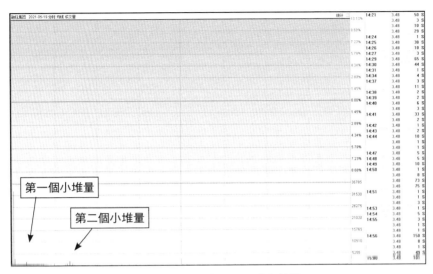

▲ 圖 6-8　融鈺集團分時走勢圖

個一字漲停板當日的分時走勢。從分時走勢來看，個股當日漲停開盤，但開盤後的成交量還是比較大的。一直持續到 10:08 分，形成第一個小堆量；10:24 分開始至 10:30 分左右，形成第二個小堆量；下午開盤後在 13 時、13:21 分、14:12 分及臨收盤前，各形成一個小堆量。

除了上述幾個小堆量外，交易日內百張以上的成交量，自開盤後也是持續不斷地放出。只要是在早盤 9:15 分集合競價一開始就直接以漲停價掛買單排隊的，應該都能成功買進。當日總成交量與前一日基本上持平，開盤以後才掛買單排隊的投資人，買入的希望就比較小了。

圖 6-10 是融鈺集團 2021 年 5 月 21 日的分時走勢圖，這是該個股第四個一字漲停板當日的分時走勢。從分時走勢看，該個股開盤繼續一字封漲停板，但開盤後的成交量比前兩個交易日要大得多。9:30 分到 10:16 分，成交量一直比較大，是第一個比較大的堆量；下午 13:56 分一直持續到 14:50分，是第二個比較大的堆量。

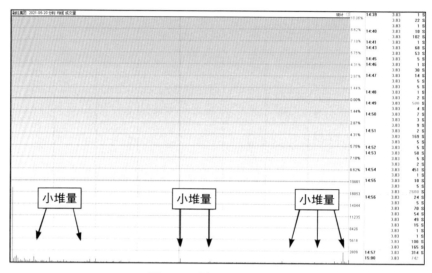

▲ 圖 6-9　融鈺集團分時走勢圖

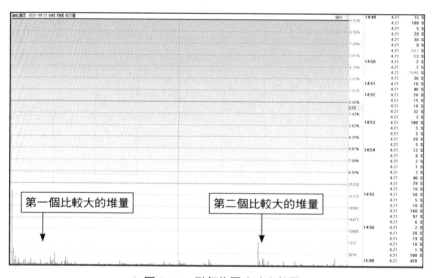

▲ 圖 6-10　融鈺集團分時走勢圖

　　除了上述兩個比較大的堆量外，交易日內百手以上的成交量，自開盤後就持續不斷地放出，只要是在 9:15 分集合競價一開始就直接以漲停價掛買單排隊的，基本上都能成功買進。當日成交量較前一交易日放大 2 倍多，哪怕是在上午開盤後掛買單進場的投資人，應該都有買進的希望。

　　圖 6-11 是融鈺集團 2021 年 6 月 2 日的 K 線走勢圖。該股因為擬收購＋口腔連鎖＋金融科技概念，主力機構在 5 月 18 日、19 日、20 日、21 日連續拉出 4 個一字漲停板，形成一字漲停 K 線型態。

　　5 月 24 日個股繼續漲停開盤，9:34 分漲停板被打開，此後漲停板打開封回反覆多次。11:21 分封回漲停至下午收盤沒再打開，成交量較前一交易日放大 26 倍多。

　　5 月 25 日個股平開走高繼續漲停，收出一根略帶下影線的大陽線漲

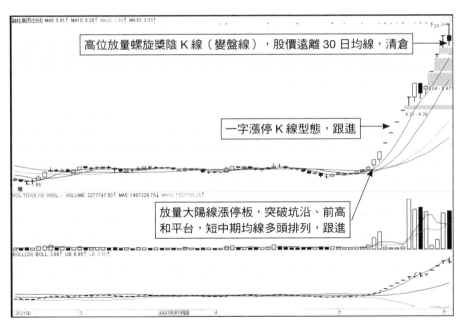

▲ 圖 6-11　融鈺集團走勢圖

停板，成交量較前一交易日萎縮。預示主力機構即將展開整理洗盤，清洗獲利盤，拉高其他新進場投資人的入場成本。

5月26日整理了一天，27日高開收出一根大陽線（漲幅4.63%），股價的強勢特徵已經顯現。像這種情況，投資人可以在當日收盤前或次日進場，逢低加倉買進籌碼。隨後主力機構展又連續拉出3個漲停板，其中1個一字板，2個T字板。

6月2日截圖當日，主力機構開高衝高回落，收出一根螺旋槳陰K線（高位螺旋槳K線，又稱為變盤線或轉勢線），成交量較前一交易日放大，顯露出主力機構利用開高、盤中拉高吸引跟風盤震盪出貨的痕跡。此時，股價遠離30日均線且漲幅很大，KDJ等部分技術指標開始走弱。投資人手中如果還有當天沒有出完的籌碼，次日應該逢高清倉。

圖6-12是大東方2021年5月21日的K線走勢圖。將K線走勢縮小後可以看出，這是股價上漲途中出現的一字漲停K線型態。股價從前期相對高位2020年1月20日最高價6.13元，一路下跌至2020年4月28日最低價3.56元止跌回升，然後主力機構展開長期的大幅度的橫盤震盪行情，高賣低買，獲利與洗盤吸籌並舉。

2021年4月15日，大幅橫盤震盪近一年後，主力機構跳空開高收出一根長上影線大陽線（盤中一度接近漲停，收盤漲幅4.39%），突破前高和平台，留下向上跳空突破缺口，成交量較前一交易日放大6倍多，形成向上突破缺口K線型態。

此時均線呈多頭排列，MACD、KDJ等技術指標走強，股價的強勢特徵相當明顯。像這種情況，投資人可以在當日或次日進場，逢低分批買進籌碼。此後股價緩慢上漲，主力機構繼續洗盤吸籌。

5月21日截圖當日個股漲停開盤，形成一字漲停K線型態，漲停原因為擬收購概念。2021年5月15日無錫商業大廈大東方股份有限公司第八屆董事會2021年第一次臨時會議決議公告披露，公司控股子公司上海

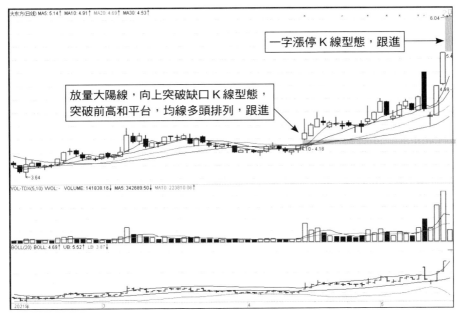

一字漲停 K 線型態，跟進

放量大陽線，向上突破缺口 K 線型態，
突破前高和平台，均線多頭排列，跟進

▲ 圖 6-12　大東方走勢圖

均瑤醫療健康科技有限公司擬出資約 1.65 億元受讓薛強所持「健高醫療」
27.5039% 股權、出資 3177.66 萬元，受讓上海賦桐企業管理合夥企業（有
限合夥）所持「健高醫療」5.2961% 股權後，再出資 3000 萬元對「健高
醫療」進行增資。經由上述受讓及增資，公司合計出資約 2.27 億元，獲
得「健高醫療」36% 的股權。

　　像這種重大利多、股價較低的一字漲停板，投資人值得一追。

　　圖 6-13 是大東方 2021 年 5 月 21 日的分時圖，這是第一個一字漲停板
當日開盤後的分時走勢圖。由這 2 分多鐘的分時圖上，可以看到該股雖然
是漲停開盤，但從盤面右邊的成交明細上來看，成交還是非常大的。投資
人只要是在 9:15 分集合競價一開始，就直接以漲停價掛買單排隊，基本
上都能成功買進。

143

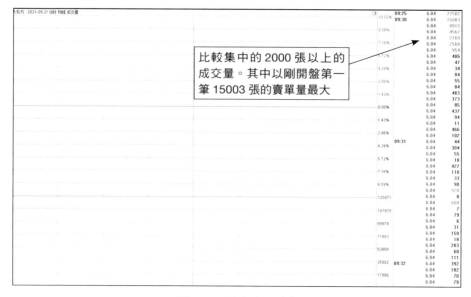

▲ 圖 6-13　大東方分時截圖

　　一直到下午收盤，成百上千手的成交量還是不少的，哪怕是上午早些時候掛買單排隊的投資人，應該也有買進的希望。這裡就不再貼出該股當日全天的分時走勢圖，也不對全天的分時成交情況展開分析了。

　　圖 6-14 是大東方 2021 年 5 月 24 日的分時走勢圖，這是該個股第二個一字漲停板當日的分時走勢。從分時上來看當日漲停開盤，全天分時成交呈現出 4 個小堆量。9:30 開盤後是一個小堆量；10:16 分一直持續到 10:56 分是一個比較長的堆量，同時量也比較大；14:00 分左右也是持續時間比較長的一個小堆量；14:50 分左右也即臨收盤前有一個堆量，500 張以上的成交比較多，從分時走勢圖右下邊的成交明細就能看到。

　　交易日內百張以上的成交量，自開盤後也一直在持續不斷放出，只要是在 9:15 分集合競價一開始就直接以漲停價掛買單排隊的投資人，都能成功買進。當日成交量較前一交易日萎縮一倍多，開盤以後才掛買單排隊

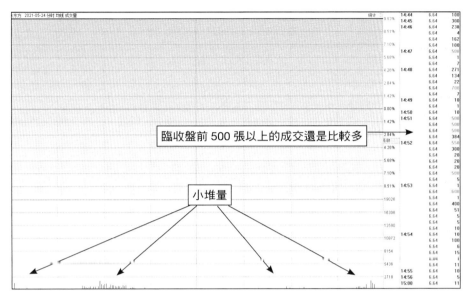

▲ 圖 6-14　大東方分時走勢圖

的投資人買入的希望可能就比較小了。

　　圖 6-15 是大東方 2021 年 6 月 2 日的 K 線走勢圖。該股因為擬收購概念，5 月 19 日、20 日主力機構連續拉出兩個大陽線漲停板後，21、24 日又連續拉出兩個一字板，形成一字漲停 K 線型態。

　　5 月 25 日，個股平開繼續漲停，收出一根長下影線大陽線漲停板，成交量較前一交易日放大 13 倍多，預示主力機構即將展開整理洗盤。5 月 26 日、27 日，個股整理了 2 個交易日。

　　5 月 28 日，個股開低收出一根大陽線（漲幅 7.29%），股價強勢特徵明顯，回檔到位。像這種情況，投資人可以在當日收盤前或次日進場，逢低加倉買進籌碼，隨後主力機構又連續拉出 2 個大陽線漲停板。

　　6 月 2 日當日，主力機構大幅開高回落跌停，收出一根看跌吞沒大陰線（高位看跌吞沒陰線為見頂訊號），成交量較前一交易日放大，顯露出

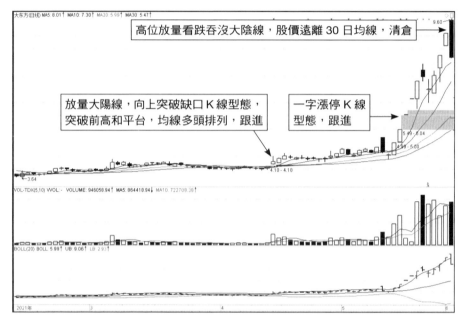

高位放量看跌吞沒大陰線，股價遠離 30 日均線，清倉

放量大陽線，向上突破缺口 K 線型態，突破前高和平台，均線多頭排列，跟進

一字漲停 K 線型態，跟進

▲ 圖 6-15　大東方走勢圖

主力機構利用開高，毫無顧忌出貨的堅決態度和決心。此時，股價遠離30日均線且漲幅大，MACD、KDJ 等技術指標開始走弱。像這種情況，投資人如果手中還有當天沒有出完的籌碼，次日應該逢高清倉。

6-1-2　要抓住時機及時跟進主力，也要果斷賣出

投資人跟進一字漲停板後要注意盯盤，若發現情況不妙，就得及時出場。如某個交易日一字漲停板被打開，同時成交呈巨量狀態，可逢高果斷賣出。一般情況下一字漲停板之後，主力機構會展開整理洗盤，整理到位後，還將繼續向上拉升，拉出出貨空間。投資人要抓住整理到位的有利時機，及時進場買進籌碼，待出現明顯見頂訊號後再賣出。一字漲停 K 線型態的買進和賣出情況比較複雜，要多學習多分析多研究。

6-2

受主力操控，這 3 種情況下會形成 T 字漲停 K 線型態

T 字漲停 K 線型態，是指個股當天以漲停開盤，之後突然被大賣單砸開（有的個股漲停板同一交易日內可能會反覆被打開），馬上又封回漲停板的 K 線型態。

6-2-1 當天漲停開盤，馬上又封回漲停板的型態

❖ 型態分析

T 字漲停 K 線型態也是非常強勢的 K 線技術型態，同樣是主力機構起主導或牽引作用而形成的 K 線型態。只有主力機構潛伏在其中的個股，才能開盤就直接封漲停，盤中打開後又能夠繼續封回。

個股開盤即漲停，然後盤中被打開的情況比較複雜。有的可能是因為賣壓過重，有的可能是主力震倉、洗盤而有意為之，又或者是漲停出貨，還有可能是主力機構與利益關係人之間的利益輸送等等。

出現 T 字漲停板一般有三種情況：一是受突發利多刺激，個股連續拉出一字板之後，在某個交易日開盤一字封漲停的情況下，主力機構自己用大賣單砸盤（當然不會砸得太深）。

目的是嚇唬散戶投資人，將低位買入的籌碼交出來，同時拉高新進場投資人的入場成本，以便後期能夠輕鬆拉升。這種 T 字漲停 K 線型態是

147

一種上漲中繼型態，是最常見的一種 K 線型態。

二是個股已有一定漲幅，同樣受突發利多影響，在某個交易日漲停開盤，然後被大賣單砸盤，不久再封回漲停，形成 T 字漲停 K 線型態。這種情況有可能是主力機構高賣低買、震倉洗盤減輕賣壓、拉高市場成本，目的也是為後面拉升作準備。

三是主力機構高位突然巨單砸開漲停板出貨，看到盤面買盤不太活躍就不會再砸，甚至會用小買單引誘投資人跟進買入，然後再封回漲停板，待次日開高繼續出貨，但當日成交量放大（或者當天漲停板多次被打開後再封回，成交量放大）。

不管是何種情況，投資人要掌握的是股價在 K 線走勢中所處的位置以及大盤的狀態。低位或相對低位的 T 字板且大盤較好時，可大膽追進，但高位的 T 字板就不要去碰了。

❖ 實戰運用

圖 6-16 是柘中股份 2021 年 6 月 4 日的 K 線走勢圖。將 K 線走勢縮小後可以看出，此時個股整體走勢處於上升趨勢中。股價從前期相對高位 2019 年 3 月 25 日最高價 17.68 元，震盪下跌整理洗盤，至 2020 年 7 月 1 日最低價 9.00 元止跌，下跌時間長、跌幅大。期間有多次反彈，且反彈幅度較大。

2020 年 7 月 1 日股價止跌後，主力機構又展開長期的大幅度橫盤震盪行情，高賣低買獲利與洗盤吸籌並舉。

2021 年 6 月 2 日主力機構跳空開高，收出一個大陽線漲停板，漲停原因為電氣設備＋投資半導體概念。公司所從事的主要業務為成套開關設備的生產、銷售及投資業務，產品廣泛應用於各類工業和民用建築、軌道交通、機場、國家電網、資料中心等。

公司控股股東擬向國盛基金協議轉讓公司 9.96% 的股份。當日股價突

破前高，留下向上跳空突破缺口，成交量較前一交易日放大4倍多，形成向上突破缺口K線型態。此時，均線呈多頭排列，MACD、KDJ等技術指標走強，股價的強勢特徵相當明顯。像這種情況，投資人可以在當日或次日進場，逢低加倉買進籌碼。

6月3日漲停開盤，投資人可以在當日開盤後掛買單跟進搶漲停板，當日一字漲停報收。投資人也可以在次日集合競價時，直接以漲停價掛買單排隊等候買進。

6月4日當日個股漲停開盤，雖然前面已有2個漲停板，但從該股K線走勢看，股價仍處於較低位置。由於長期震盪下跌加上利多配合，有強烈的補漲需求，值得投資人追漲。當日拉出T字漲停板，形成T字漲停K線型態。

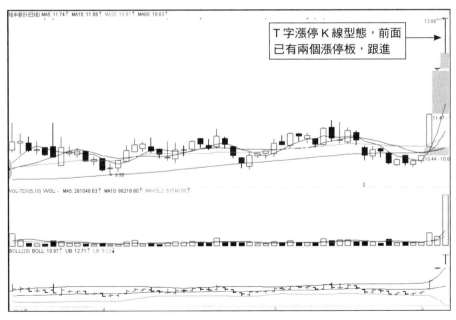

▲ 圖 6-16 柘中股份走勢圖

圖 6-17 是柘中股份 2021 年 6 月 4 日的分時走勢圖。當日該股漲停開盤後，漲停板瞬間被巨大賣單砸開，然後很快被封回，之後又被打開。第二次打開時間較長，從 9:31 分持續到 10:53 分，約 1 小時 22 分鐘才封回漲停板。成交量放得比較大，前期跟進的大部分投資人大概都被嚇跑了，封回漲停板後一直至收盤沒有再打開。漲停板被打開的主要原因，應該是主力機構洗盤吸籌，再來就是有部分前期進場的獲利籌碼出貨。

　　當日在集合競價階段直接以漲停價掛買單排隊買進，以及開盤後直接追漲的投資人，應該都成功買進了。雖然在集合競價時，直接以漲停價掛買單排隊買進的投資人，沒有買在當日的較低價位，但也不要後悔。

　　因為從當日漲停板被打開再封回的情況來看，成交量並不太大，股價強勢特徵依舊。下一交易日繼續漲停的機率較大，仍可在次日集合競價一開始，直接以漲停價掛買單排隊等候買進。

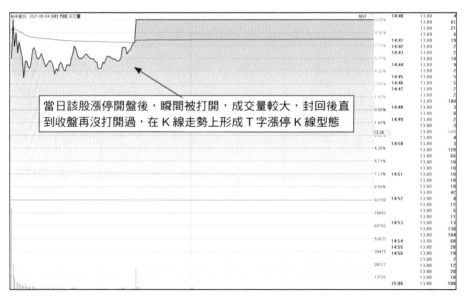

當日該股漲停開盤後，瞬間被打開，成交量較大，封回後直到收盤再沒打開過，在 K 線走勢上形成 T 字漲停 K 線型態

▲ 圖 6-17　柘中股份分時走勢圖

　　圖 6-18 是柘中股份 2021 年 6 月 17 日的 K 線走勢圖。該股因為電氣設備＋投資半導體利多概念，於 6 月 2 日和 3 日分別拉出一個大陽線漲停板和一個一字漲停板，6 月 4 日拉出一個 T 字板，形成 T 字漲停 K 線型態。隨後主力機構直線拉升拔高股價，一口氣拉出 4 個漲停板，其中 3 個一字板。

　　可以看出，6 月 4 日這種 T 字漲停 K 線型態，是主力機構卸壓加油、正式啟動拉升行情的 K 線型態。投資人可以特別關注這種累計漲幅不大、出現在上漲初中期的 T 字漲停 K 線型態，快速分析研判後擇機進場買進。

　　6 月 17 日當日，主力機構開低衝高回落，收出一根假陽真陰螺旋槳 K 線（千萬要小心高位假陽真陰，高位螺旋槳 K 線又稱為變盤線或轉勢線）。成交量較前一交易日略萎縮，加上前　交易口收出的螺旋槳陽 K

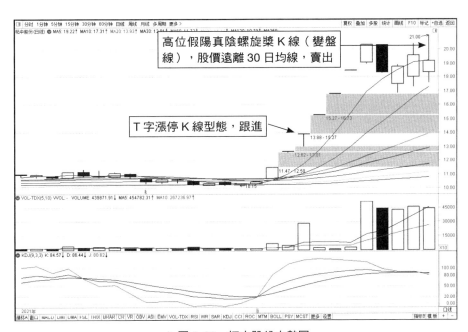

▲ 圖 6-18　柘中股份走勢圖

線，顯露出主力機構利用盤中拉高吸引跟風盤高位震盪出貨的痕跡。

此時，股價遠離 30 日均線且漲幅較大，MACD、KDJ 等技術指標開始走弱，盤面的弱勢特徵已經顯現。像這種情況，投資人手中如果還有當天沒有出完的籌碼，次日應該逢高賣出。

圖 6-19 是愛普股份 2021 年 5 月 7 日的 K 線走勢圖。將 K 線走勢縮小後可以看出，這是股價上漲途中出現的 T 字漲停 K 線型態。股價從前期相對高位 2020 年 7 月 20 日最高價 13.76 元，震盪下跌整理洗盤，至 2021 年 2 月 8 日最低價 8.25 元止跌，下跌時間較長、跌幅較大。期間有過多次反彈，且反彈幅度較大。

2021 年 2 月 8 日止跌後，主力機構展開小幅震盪盤升行情，收集籌碼，K 線走勢紅多綠少，紅肥綠瘦。

2021 年 4 月 16 日，主力機構開高收出一根中陽線（漲幅 3.01%），突破前高，成交量較前一交易日放大 2 倍多。當日股價向上穿過 5 日、10 日、20 日、30 日和 60 日均線（一陽穿 5 線），90 日、120 日均線在股價上方向下運行，均線蛟龍出海型態形成。

此時短中期均線呈多頭排列，MACD、KDJ 等技術指標開始走強，股價的強勢特徵已經顯現。像這種情況，投資人可以在當日或次日進場，逢低買進籌碼，此後主力機構快速向上推升股價。

4 月 29 日，主力機構開低收出一根大陽線（漲幅 5.88%），突破前高和平台，成交量較前一交易日放大 2 倍多。均線（除 90 日均線外）呈多頭排列，MACD、KDJ 等技術指標走強，股價的強勢特徵非常明顯。像這種情況，投資人可以在當日或次日進場，加倉買進籌碼。

4 月 30 日主力機構跳空開高，收出一個大陽線漲停板，漲停原因為業績增長＋香精概念。公司 2021 年第一季度營業收入 8.20 億元，同比增長 41.18%。公司是中國香料香精行業的龍頭，是國內最大的食品用香精生產企業。

　　當日股價突破前高和平台，成交量較前一交易日放大 3 倍多，形成大陽線漲停 K 線型態。此時均線呈多頭排列，MACD、KDJ 等技術指標走強，股價的強勢特徵相當明顯。像這種情況，投資人可以在次日集合競價時，直接以漲停價掛買單排隊跟進。

　　5 月 6 日主力機構跳空開高，再次拉出一個大陽線漲停板，留下向上突破缺口，形成向上突破缺口 K 線型態像。這種情況，投資人可以在次日集合競價時，繼續直接以漲停價掛買單排隊跟進。

　　5 月 7 日當日個股漲停開盤，收盤收出一個小 T 字漲停板，形成 T 字漲停 K 線型態。雖然前面已經收出 2 個大陽線漲停板，但從該股 K 線走勢看，股價仍處於較低位置，由於長期震盪下跌加上利多配合，有強烈的補漲需求，值得投資人搶漲停板追漲。

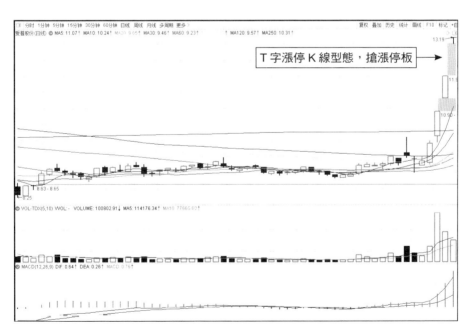

▲ 圖 6-19　愛普股份走勢圖

圖 6-20 是愛普股份 2021 年 5 月 7 日的分時圖。該股當日漲停開盤，從當天分時走勢上看，看不出漲停板有被打開的痕跡，但從 K 線走勢上，卻能看出當日收盤收出的是一個小 T 字板。從當日該股開盤後的 2 分多鐘分時截圖來看，分時價格線上雖然看不出缺口，但從盤口右邊的成交明細上來看，成交還是非常大的，表示有前期進場的獲利盤賣出。盤面右邊成交明細顯示，剛開盤就有 3 筆 5000 張以上的成交。

　　投資人如果想在當日買進的話，只要在 9:15 分集合競價一開始，就直接以漲停價掛買單排隊等候，應該能夠成功買進。一直到下午收盤前，成百上千張的成交量還是不少的。雖然當日成交量較前一交易日萎縮，但上午早點掛買單排隊的投資人，應該有買進的希望。這裡就不再貼出該股當日全天的分時走勢圖，也不對全天的分時成交情況作更多分析了。

　　圖 6-21 是愛普股份 2021 年 5 月 19 日的 K 線走勢圖。該股因為業績增

▲ 圖 6-20　愛普股份分時圖

長＋香精概念利多，4月30日、5月6日連續拉出2個大陽線漲停板，5月
7日拉出一個小T字板，形成T字漲停K線型態。隨後主力機構幾乎是直
線拉升股價，一口氣拉出4個漲停板，其中2個為一字板。

　　可以看出5月7日這種小T字漲停K線型態，強勢特徵十分明顯，說
明主力機構籌碼鎖定較好、控盤程度較高、後勁較足，後期拉升幅度較
大。投資人盯盤時，要多加關注這種累計漲幅不大、出現在初中期上漲行
情中的小T字漲停K線型態，分析研判後擇機進場買入籌碼。

　　5月19日當日，主力機構開低衝高回落，收出一根假陽真陰倒錘頭K
線（千萬要小心高位假陽真陰，高位倒錘頭K線又稱為射擊之星或流星
線），成交量較前一交易日萎縮，明顯是主力機構利用盤中拉高吸引跟風
盤震盪出貨。此時，股價遠離30日均線且漲幅大，KDJ等部分技術指標

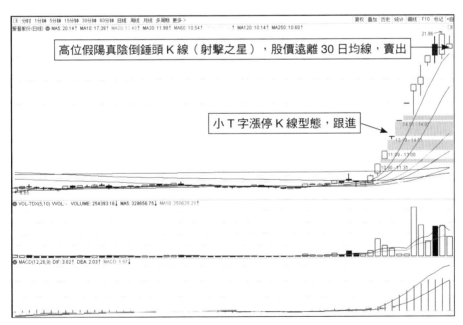

▲ 圖 6-21　愛普股份走勢圖

走弱，盤面的弱勢特徵已經顯現。像這種情況，投資人手中如果還有當天沒有出完的籌碼，次日要逢高賣出。

　　圖 6-22 是來伊份 2021 年 6 月 10 日的 K 線走勢圖。將 K 線走勢縮小後可以看出，這是股價上漲途中出現的 T 字漲停 K 線型態。股價從前期相對高位 2020 年 8 月 24 日最高價 22.44 元，震盪下跌洗盤，至 2021 年 2 月 4 日最低價 9.57 元止跌，下跌時間雖然不長但跌幅大，期間有過 1 次較大幅度的反彈。

　　2021 年 2 月 4 日止跌後，主力機構展開震盪盤升行情，收集籌碼。2021 年 6 月 7 日，主力機構開高拉出一個大陽線漲停板，突破前高，形成大陽線漲停 K 線型態，當日成交量較前一交易日放大 3 倍多。此時，均線（除 120 日、250 日均線外）呈多頭排列，MACD、KDJ 等技術指標走強，股價的強勢特徵已經非常明顯。像這種情況，投資人可以在當日或次日進場，逢低買進籌碼。

　　6 月 8 日主力機構開高，股價衝高回落整理一天，正是投資人進場的好時機。6 月 9 日主力機構開低，收出一個大陽線漲停板，漲停原因為休閒零食＋白酒概念。公司是中國銷售規模、擁有門店數量領先的休閒食品連鎖經營企業之一，公司全資子公司上海醉愛酒業有限公司，於 2020 年初推出自有品牌醬香型白酒產品，醉愛系列醬香型白酒產品已在來伊份全管道（包括線上平台、線下門店及團購經銷管道）銷售。

　　當日股價突破前高，成交量較前一交易日萎縮（漲停原因），K 線型態形成兩陽夾一陰多方炮 K 線組合。此時，均線（除 250 日均線外）呈多頭排列，MACD、KDJ 等技術指標走強，股價的強勢特徵相當明顯。像這種情況，投資人可以在次日集合競價時，直接以漲停價掛買單排隊跟進。

　　6 月 10 日當日，個股漲停開盤，拉出一個小 T 字漲停板，成交量較前一交易日放大 2 倍多，形成 T 字漲停 K 線型態。雖然前一交易日已

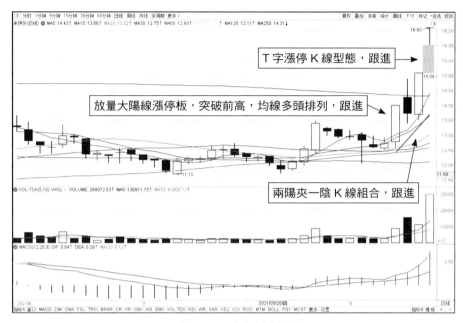

在圖中標註的文字說明：

T 字漲停 K 線型態，跟進

放量大陽線漲停板，突破前高，均線多頭排列，跟進

兩陽夾一陰 K 線組合，跟進

▲ 圖 6-22 來伊份走勢圖

拉出一個大陽線漲停板，加上當日放量有些過大，收出整理洗盤型 T 字板，但由於利多助推，後市可以繼續看多。

圖 6-23 是來伊份 2021 年 6 月 10 日的分時走勢圖，當日該股收出 T 字漲停板，形成 T 字漲停 K 線型態。上升開盤後，漲停板瞬間被大賣單打開，9:32 分左右很快封回。14:10 分左右漲停板再次被打開，14:27 分左右再次封回至收盤。投資人如果在當日 9:15 分集合競價一開始，就直接以漲停價掛買單排隊買進的話，一定都能成功買入。

由於當日漲停板兩次被打開且成交量大幅放大，次日主力機構展開短期整理洗盤的可能性大。像這種情況，投資人可以在次日股價衝高時，逢高先賣出手中籌碼，待整理到位後再接回來，當然也可以持股不動。

圖 6-24 是來伊份 2021 年 6 月 18 日的 K 線走勢圖。該股 6 月 9 日拉出

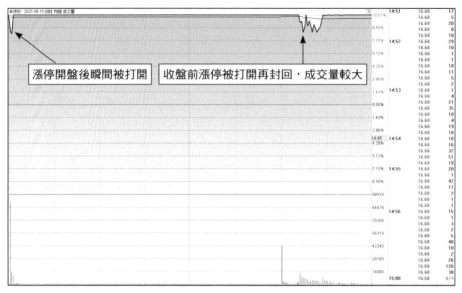

▲ 圖 6-23　來伊份分時走勢圖

一個大陽線漲停板，形成兩陽夾一陰多方炮 K 線組合，6 月 10 日拉出一個 T 字板，形成 T 字漲停 K 線型態。形成 T 字漲停 K 線型態後，主力機構連續整理 2 個交易日，6 月 16 日、17 日接著拉出 2 個大陽線漲停板。

　　6 月 18 日截圖當日，主力機構開高衝高回落，收出一根假陰真陽螺旋槳 K 線（高位螺旋槳 K 線又稱為變盤線或轉勢線），成交量較前一交易日放大近 3 倍，顯露出主力機構利用開高、盤中拉高，吸引跟風盤高位震盪出貨的痕跡。

　　此時，股價遠離 30 日均線且漲幅較大，KDJ 等部分技術指標開始走弱，盤面的弱勢特徵已經顯現。像這種情況，投資人手中如果還有當天沒有出完的籌碼，次日要逢高賣出。

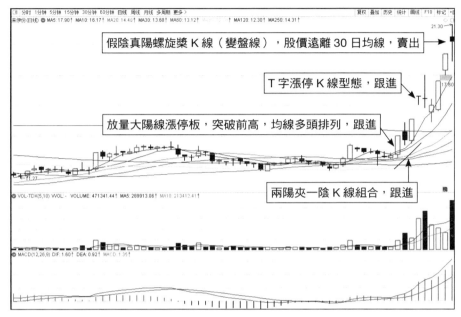

假陰真陽螺旋槳 K 線（變盤線），股價遠離 30 日均線，賣出

T 字漲停 K 線型態，跟進

放量大陽線漲停板，突破前高，均線多頭排列，跟進

兩陽夾一陰 K 線組合，跟進

▲ 圖 6-24　來伊份走勢圖

6-2-2　多次被打開且放量較大，即為主力出貨

　　操盤若大盤情況較好，前面已有 1～2 個漲停板的上漲初期出現的 T 字漲停板，投資人可以積極跟進。3 個以下連續一字板（如一字板前還有陽線漲停板的就要個別看待）之後的第一個放量 T 字板進一般都是主力機構震倉洗盤或短線遊資建倉的 T 字板。投資人可以在當天收盤前或次日，視情況進場逢低買進。

　　對於 T 字板，還要注意分析研究其分時走勢。T 字板當日被打開時在分時走勢上，砸下的坑不能太深，不能是多次打開並且放量太大，坑太深以及多次被打開且放量較大，就有可能是主力機構出貨。另外，如果次日開低，一定要注意盯盤分析，若盤面分時價格線放量勾頭向上，可立即跟進。

6-3

普通漲停 K 線有 3 種，以小陽線漲停 K 線型態最強勢

普通漲停 K 線型態，也可稱為一般漲停 K 線型態，是指除了一字漲停和 T 字漲停 K 線型態之外的其他漲停 K 線型態。

普通漲停 K 線型態同樣是非常強勢的 K 線技術型態，是主力機構起主導或牽引作用而形成的 K 線型態。只有主力機構潛伏其中，並秘密謀劃和運作的個股，才能封上漲停板。操盤中比較常見的普通漲停 K 線型態，包括小陽線漲停、大陽線漲停和長下影線陽線漲停三種 K 線型態，以下逐一說明。

6-3-1　小陽線漲停型態：漲停陽線實體長度小於 5%

小陽線漲停 K 線型態，屬於普通漲停 K 線型態中最強勢的 K 線型態，一般是漲停陽線實體部分的長度小於 5% 以下的漲停 K 線型態。

❖ 型態分析

小陽線漲停 K 線型態，是指個股當日大幅度跳空開高，開高幅度一般在 5% 以上。之後主力機構向上拉升股價，直至封上漲停板，至收盤漲停板沒被打開，收盤後的陽線實體較短小。

小陽線漲停 K 線型態的主要特徵是開高幅度較大、封漲停板速度較

快，成交量和換手率較小。呈現出主力機構及其他投資人看好該個股後市
行情，預示強勢上升勢頭將持續向上。

❖ 實戰運用

圖6-25是盛通股份2021年8月2日的K線走勢圖。將K線走勢縮小
後可以看出，股價從前期相對高位2019年4月9日最高價13.29元，震盪
下跌至2021年2月8日最低價3.35元止跌，下跌時間長、跌幅大。期間
有3次較大幅度的反彈。

2021年2月8日股價止跌後，主力機構展開震盪盤升（挖坑）行情，
高賣低買獲利與洗盤吸籌並舉。

2021年8月2日當日，主力機構大幅開高（向上跳空9.50%），拉出

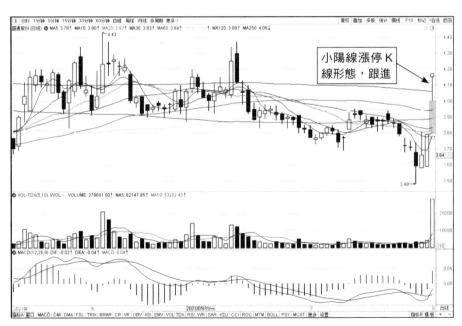

▲ 圖6-25 盛通股份走勢圖

一個小陽線漲停板，形成小陽線漲停 K 線型態。

漲停的原因為幼稚教育＋機器人概念。該公司在少兒程式設計產業鏈領域優勢突顯，是集程式設計教育、機器人教育、兒童創新教育、科學教育等於一體的綜合性教育集團。其二級子公司北京樂博教育諮詢有限公司，與北京市海澱區邁格森教育培訓學校簽署轉課合作協定，雙方就邁格森旗下學員轉課等事宜展開合作。

當日股價突破前高（基本上到坑沿），留下向上突破大缺口，成交量較前一交易日放大 6 倍多。此時，均線（除 250 日均線外）呈多頭排列，MACD、KDJ 等技術指標走強，股價的強勢特徵已經非常明顯。像這種情況，投資人可以在當日或次日進場，逢低買進籌碼，持股待漲。

圖 6-26 是盛通股份 2021 年 8 月 2 日的分時圖，當日該股大幅開高，拉出一個小陽線漲停板。從該個股早盤 19 分鐘的分時圖上來看，左上方

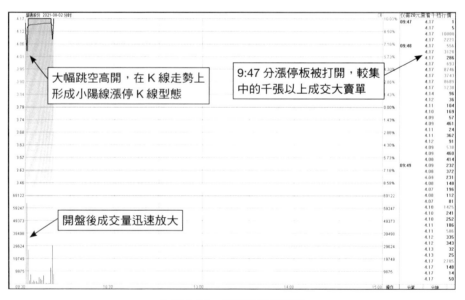

▲ 圖 6-26　盛通股份分時圖

為開市後的大幅跳空開高分時價格線，在 K 線走勢上形成小陽線漲停 K
線型態，左下方為開盤後成交量迅速放大的量柱。

　右邊是 9:47 分漲停板被大賣單打開後，2 分鐘內的成交明細。從主力
機構開高拉升放量、9:47 分漲停板被打開後 2 分鐘內的大筆成交來看，投
資人當日若想進場買進，只要在集合競價時直接以漲停價掛買單排隊等
候，或在當日開盤後及時掛買單買進，基本上都能成功。

　圖 6-27 是盛通股份 2021 年 8 月 31 日的 K 線走勢圖。從 K 線走勢可
以看出，該股 8 月 2 日拉出一個小陽線漲停板，形成小陽線漲停 K 線型
態後，次日又拉出一個大陽線漲停板。之後主力機構展開強勢橫盤整理，
清洗獲利盤，拉高新進場投資人的入場成本，繼續收集籌碼。

　8 月 13 日主力機構平開，收出一根大陽線（漲幅 6.14%），突破前高和

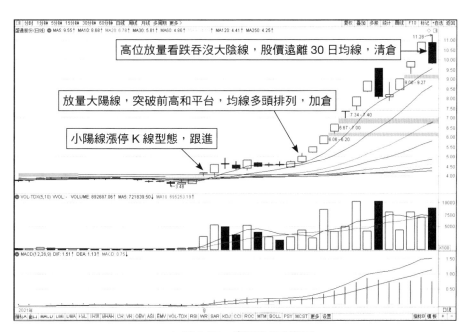

▲ 圖 6-27　盛通股份走勢圖

平台，成交量較前一交易日明顯放大。此時，均線呈多頭排列，MACD、KDJ 等技術指標走強，股價的強勢特徵已經十分明顯。像這種情況，投資人可以在當日收盤前或次日進場，逢低加倉買進籌碼，持股待漲。

8 月 31 日當日，主力機構平開回落跌停（從當日開盤分時實盤看，9：30 分開盤後股價瞬間衝高，最高衝至 11.28 元，成交量急速放大，40 秒後盤面變綠），收出一根看跌吞沒大陰線（高位看跌吞沒陰線為見頂訊號），成交量較前一交易日放大，顯露出主力機構平開後毫無顧忌出貨的堅決態度。

此時，股價遠離 30 日均線且漲幅很大，MACD、KDJ 等技術指標開始走弱，盤面的弱勢特徵已經顯現。像這種情況，投資人手中如果還有當天沒有出完的籌碼，次日一定要逢高清倉。

圖 6-28 是深中華 A2022 年 6 月 15 日的 K 線走勢圖。將 K 線走勢縮小後可以看出，這是股價上漲途中出現的小陽線漲停 K 線型態。股價從前期相對高位 2015 年 5 月 28 日最高價 26.93 元，一路震盪下跌，至 2020 年 5 月 25 日最低價 2.00 元止跌，下跌時間長、跌幅大。下跌期間有過多次反彈，且反彈幅度較大。

2020 年 5 月 25 日止跌後，主力機構展開長期的大幅度的橫盤震盪行情，高賣低買獲利與洗盤吸籌並舉。

2022 年 6 月 15 日當日，主力機構大幅開高（向上跳空 7.83%），拉出一個小陽線漲停板，形成小陽線漲停K線型態。漲停的原因為黃金＋兩輪車＋鋰電池。一是公司主營業務為自行車及鋰電池材料業務、珠寶黃金業務。二是黃金珠寶業務，主要提供黃金珠寶垂直領域的供應管理與服務。三是公司目前從事的鋰電池材料業務，主要涉及碳酸鋰、錳酸鋰等。

當日股價突破前高，留下向上突破大缺口，成交量較前一交易日明顯放大。此時均線呈多頭排列，MACD、KDJ 等技術指標走強，股價的強勢特徵已經非常明顯。像這種情況，投資人可以在當日或次日進場，逢低

▲ 圖 6-28　深中華 A 走勢圖

買進籌碼，持股待漲。

　　圖 6-29 是深中華 A 2022 年 6 月 15 日的分時圖。當日該股大幅跳空開高，拉出一個小陽線漲停板。從該個股早盤 2 分多鐘的分時圖來看，左上方為開市後的大幅跳空開高分時價格線，開盤後分時價格線快速上衝封上漲停板，在 K 線走勢上形成小陽線漲停K線型態。

　　左下方為開盤後成交量迅速放大的量柱。右邊是 9:32 分前的成交明細，從開盤後的成交明細可以看出，只有開盤時的成交大一些，之後成交量很快呈萎縮狀態。投資人除非在集合競價時，直接以漲停價掛買單排隊的，才有買進的希望外，當天其他時候想買進，基本上不可能成功。但也沒關係，可以在次日集合競價或開盤時，視情況進場買入籌碼。

　　圖 6-30 是深中華 A2022 年 6 月 24 日的 K 線走勢圖。從 K 線走勢可

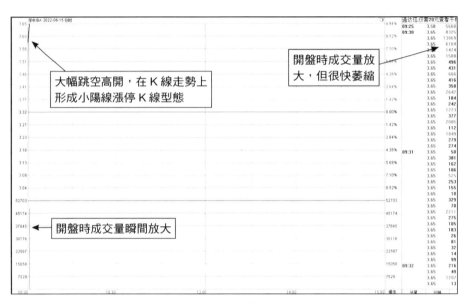

▲ 圖 6-29　深中華Ａ分時圖

以看出，該股 6 月 15 日拉出一個小陽線漲停板，形成小陽線漲停Ｋ線型態後，主力機構展開快速拉升行情。

6 月 16 日主力機構開高，收出一個大陽線漲停板（從當日分時看，股價在上午 10：01 分封上漲停板，下午又短暫打開過一次，前一交易日沒有進場的投資人，當天可以擇機逢低跟進買入），突破前高，成交量較前一交易日放大 6 倍多。

此時均線呈多頭排列，MACD、KDJ 等技術指標走強，股價的強勢特徵已經十分明顯。像這種情況，投資人可以在當日或次日進場，逢低加倉買進籌碼，持股待漲。

6 月 24 日當日，主力機構開低衝高回落（盤中衝高至 6.03 元，差一分錢漲停），收出一根長上影線陰十字星（高位或相對高位十字星，又稱為黃昏之星），成交量較前一交易日明顯放大，顯露出主力機構利用盤中拉

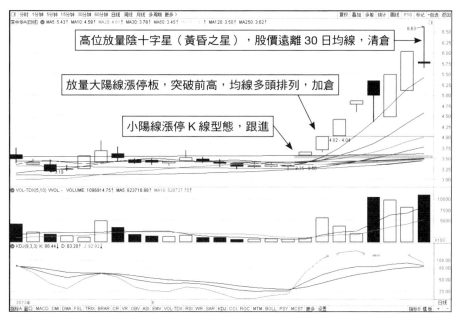

▲ 圖 6-30 深中華 A 走勢圖

高吸引跟風盤震盪出貨的痕跡。

此時，股價遠離 30 日均線且漲幅較大，KDJ 等部分技術指標開始走弱，盤面的弱勢特徵已經顯現。像這種情況，投資人手中如果還有當天沒有出完的籌碼，次日要逢高清倉。

❖ 操盤心法

投資人需要特別注意的是，連續多個一字板或 T 字板之後的小陽線漲停板，以及個股漲幅較大且處於相對高位的小陽線漲停板，一定要謹慎對待和掌握，以防被套牢。

6-3-2　大陽線漲停型態：漲停陽線實體長度超過 5%

大陽線漲停 K 線型態，屬於普通漲停 K 線型態中強勢的 K 線型態，是漲停陽線實體部分的長度超過 5% 的漲停 K 線型態。

❖ 型態分析

大陽線漲停 K 線型態，是指個股當日開盤後（不論開高、開低或平開），主力機構向上拉升股價，直至封上漲停板，至收盤漲停板沒被打開，收盤後的 K 線實體為長陽。

大陽線漲停 K 線型態的一般特徵是，盤中拉升比較突然（不絕對），封漲停板速度較快，成交量和換手率較大。呈現出主力機構及其他投資人看好該個股後市行情，預示強勢上升勢頭將持續延伸。

但也要有所區分，如果大陽線漲停 K 線型態之後（下一交易日）的 K 線，在大陽線漲停板收盤價上方，或在大陽線漲停板實體的上半部分運行，則表示股價強勢特徵持續，投資人可以積極進場買進籌碼。

如果大陽線漲停 K 線型態後（下一交易日）的 K 線，在大陽線漲停板實體的下半部分或大陽線漲停板實體的下方運行，則表示股價有走弱的跡象，投資人則暫時不能急於介入，以跟蹤觀察為主。

當然，股價處於低位或相對低位的大陽線漲停 K 線型態後（下一交易日）的 K 線，在大陽線漲停板實體的下半部分或大陽線漲停板實體的下方運行，絕大可能是主力機構整理洗盤，為後續上漲積蓄能量。

❖ 實戰運用

圖 6-31 是宜華健康 2021 年 4 月 16 日的 K 線走勢圖。將 K 線走勢縮小後可以看出，這是股價下跌反彈中出現的大陽線漲停 K 線型態。該個股從 2014 年初開始，展開過一大波上漲行情。股價從 5.00 元左右拉升至

2015 年 4 月 14 日的最高價 54.34 元，然後一路震盪下跌，至 2021 年 2 月 4 日的最低價 1.99 元止跌，下跌時間長、跌幅大。

下跌期間有過多次較大幅度的反彈，2021 年 2 月 4 日止跌後，主力機構快速推升股價，收集籌碼，然後展開強勢整理行情，洗盤吸籌。K 線走勢呈陽多陰少、紅肥綠瘦狀態。其間，主力機構拉出過 3 個大陽線漲停板，均為主力機構吸籌建倉型漲停板。像這種情況，投資人可以在漲停當日或次日進場，逢低分批買進籌碼，持股待漲。

4 月 16 日當日主力機構開低，拉出一個大陽線漲停板，突破前高和平台，成交量較前一交易日放大 2 倍多，形成大陽線漲停 K 線型態，漲停原因為醫美概念＋業績預減虧。醫美概念體現在子公司深圳友德醫科技有限公司，是專業從事互聯網醫療資訊平台開發的高科技公司，為大眾提

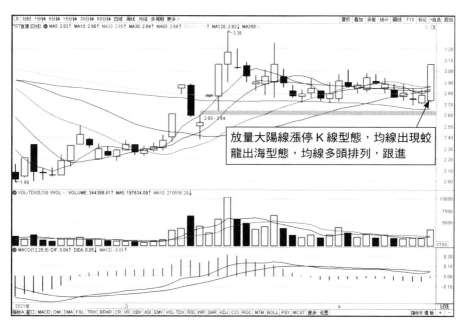

▲ 圖 6-31 宜華健康走勢圖

供無邊界醫療服務。

　　該公司官方 APP 顯示，公司下設友德醫國際醫美中心，設有專業的醫療美容相關科。當日股價向上穿過 5 日、10 日、20 日、30 日、90 日和 120 日均線（一陽穿 6 線），60 日均線在股價下方向上運行，250 日均線在股價上方向下運行，均線蛟龍出海型態形成。

　　此時，均線（除 120 日、250 日均線外）呈多頭排列，MACD、KDJ 等技術指標開始走強，股價的強勢特徵已經顯現。像這種情況，投資人可以在當日或次日進場，逢低買進籌碼。

　　圖 6-32 是宜華健康 2021 年 5 月 17 日的 K 線走勢圖。從 K 線走勢看，該股 4 月 16 日拉出一個大陽線漲停板，形成大陽線漲停 K 線型態後，主力機構展開加速拉升行情。

　　4 月 19 日、20 日，主力機構強勢整理 2 個交易日，正是投資人進場逢低買進籌碼的好時機，此後股價加速上行。

　　從上漲走勢看，主力機構採取盤中洗盤的操盤手法，依托 5 日均線加速拉升股價。從 4 月 21 日至 5 月 14 日共 15 個交易日，拉出 12 根大陽線，其中 7 個漲停板，漲幅相當可觀。

　　5 月 17 日當日，主力機構開低衝高回落，收出一根倒錘頭陰 K 線（高位倒錘頭 K 線，又稱為射擊之星或流星線），成交量較前一交易日放大，明顯是主力機構利用盤中拉高，吸引跟風盤震盪出貨。此時，股價遠離 30 日均線且漲幅較大，MACD、KDJ 等技術指標開始走弱，盤面弱勢特徵已經顯現。像這種情況，投資人手中如果還有當天沒有出完的籌碼，次日要逢高清倉。

　　圖 6-33 是杭州解百 2021 年 4 月 12 日的 K 線走勢圖。將 K 線走勢縮小後可以看出，這是股價上漲途中出現的大陽線漲停 K 線型態。股價從相對高位 2020 年 7 月 10 日最高價 9.02 元，一路震盪下跌至 2021 年 2 月 4 日最低價 4.98 元止跌，下跌時間較長、跌幅大。

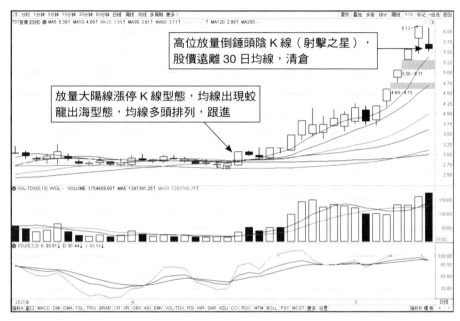

▲ 圖 6-32 宜華健康走勢圖

　　2021 年 2 月 4 日止跌後，主力機構開始快速推升股價，收集籌碼，然後展開強勢整理行情，洗盤吸籌。

　　4 月 12 日當日主力機構開平，收出一個大陽線漲停板，突破前高和平台，成交量較前一交易日放大 6 倍多，形成大陽線漲停 K 線型態。漲停原因為新零售概念，實際控制人為杭州市國資委，杭州市商貿及旅遊國資整合唯一上市平台。公司擁有解百購物廣場、杭州大廈購物城、解百義烏店、解百蘭溪店四家主要門店。

　　當日股價向上穿過 5 日、10 日、20 日、30 日、90 日、120 日和 250 日均線（一陽穿 7 線），60 日均線在股價下方向上運行，均線蛟龍出海型態形成。此時，均線（除 90 日和 120 日均線外）呈多頭排列，MACD、KDJ 等技術指標走強，股價的強勢特徵已經非常明顯。像這種情況，投資人可

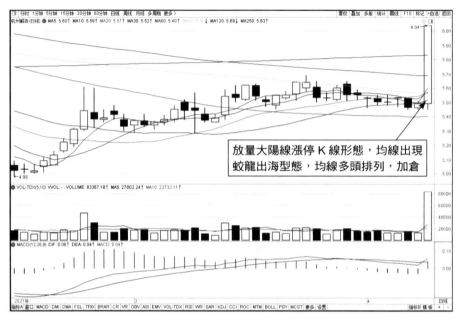

放量大陽線漲停 K 線形態，均線出現蛟龍出海型態，均線多頭排列，加倉

▲ 圖 6-33　杭州解百走勢圖

以在當日或次日進場，逢低加倉買進籌碼。

　　圖 6-34 是杭州解百 2021 年 4 月 16 日的 K 線走勢圖。從 K 線走勢來看，該股 4 月 12 日拉出一個大陽線漲停板，形成大陽線漲停 K 線型態後，主力機構展開了快速拉升行情。

　　4 月 13、14 日、15 日，主力機構連續拉出 3 個漲停板，其中 2 個大陽線漲停板，一個小 T 字板。從 4 月 13 日的分時走勢可以看出，當日個股平開略震盪回落後，展開長時間的橫盤整理行情，正是投資人進場逢低買進籌碼的好時機。13:01 分股價突然上衝封上漲停板，13：26 分漲停板打開但瞬間被封回，至到收盤。

　　4 月 16 日當日，主力機構大幅開高衝高回落，收出一根長上影線烏雲蓋頂大陰線（烏雲蓋頂陰線，是常見的看跌反轉訊號。從當日分時看，

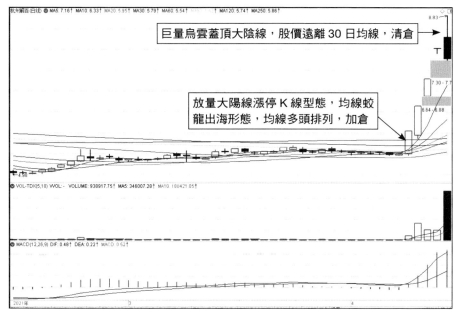

巨量烏雲蓋頂大陰線，股價遠離 30 日均線，清倉

放量大陽線漲停 K 線型態，均線蛟龍出海形態，均線多頭排列，加倉

▲ 圖 6-34　杭州解百走勢圖

個股大幅開高瞬間封上漲停板，9：35 分左右漲停板被大賣單打開），成交量較前一交易日放大近 5 倍，明顯是主力機構利用開高、盤中漲停，來吸引跟風盤震盪出貨。

　　此時，股價遠離 30 日均線且漲幅較大，KDJ 等部分技術指標已經走弱，盤面弱勢特徵已經顯現。像這種情況，投資人手中如果還有當天沒有出完的籌碼，次日要逢高清倉。

❖ 操盤心法

　　實際操盤中投資人要特別注意，出現在個股長期下跌之後的底部或震盪橫盤之後的大陽線漲停 K 線型態，若其他技術指標開始走強，且大盤相對強勢，就可以積極進場逢低買進籌碼，後市獲利的機率極大。

對於股價已上漲至高位或相對高位的大陽線漲停板，投資人則要謹慎對待和把握，以防被套。

6-3-3　長下影線陽線漲停型態：個股開高 5% 以上

長下影線陽線漲停 K 線型態，屬於普通漲停 K 線型態中強勢的 K 線型態，是漲停陽 K 線下影線的長度超過實體部分的漲停 K 線型態。

❖ 型態分析

長下影線陽線漲停 K 線型態，是指個股開高幅度在 5% 以上，然後主力機構向下打壓股價洗盤或放任股價回落到一定深度後，再將股價拉回封上漲停，至收盤漲停板沒被打開，收盤後的 K 線為實體較短的長下影線漲停陽 K 線。

長下影線陽線漲停 K 線型態分時走勢的一般特徵是，盤中股價回落幅度較大，成交量放大且成堆量，拉升股價且封漲停板速度快。

由於長下影線陽線漲停 K 線型態出現位置的不同，後期走勢也必然不同，投資人一定有所區別，謹慎對待。若長下影線陽線漲停 K 線型態，出現在個股長期下跌之後的低位或上漲初期，且成交量有效放大，主力機構大幅打壓的意圖應該是清洗獲利盤，達到洗盤和低位吸籌的目的。

若長下影線陽線漲停 K 線型態，出現股價連續上漲之後的高位或相對高位，主力機構的意圖明顯是打壓出貨與拉高吸引跟風盤出貨並舉，封回漲停板主要是便於下一交易日繼續開高出貨。對這種長下影線陽線漲停 K 線型態，投資人一定要格外小心，防範被套的風險。

❖ 實戰運用

圖 6-35 是中成股份 2022 年 5 月 23 日的 K 線走勢圖。將 K 線走勢縮小

後可以看出，這是個股上漲初期出現的長下影線陽線漲停 K 線型態。股價從相對高位 2019 年 4 月 12 日最高價 16.88 元，一路震盪下跌，至 2021 年 2 月 8 日最低價 6.08 元止跌，下跌時間長、跌幅大。下跌期間有過多次較大幅度的反彈。

2021 年 2 月 8 日止跌後，主力機構開始快速推升股價、收集籌碼，然後展開長期的大幅度的橫盤震盪洗盤（挖坑）行情，高賣低買獲利與洗盤吸籌並舉。

2022 年 5 月 18 日主力機構開低，收出一個大陽線漲停板。漲停原因為貿易＋人民幣貶值受益＋一帶一路。公司是以成套設備及技術進出口為核心業務的企業，主要經營進出口業務，承擔我國對外經濟技術援助項目和對外提供一般物資援助專案，承包各類境外工程和境內外資工程，受益於人民幣貶值。

在承包各類境外工程和境內外資工程方面，業務覆蓋「一帶一路」沿線多個國家的項目建設。當日股價突破前高，成交量較前一交易日明顯放大，股價的強勢特徵已經顯現。像這種情況，投資人可以在當日或次日進場，逢低買進籌碼。

5 月 19 日個股漲停開盤，收出一個一字漲停板，形成一字漲停 K 線型態。5 月 20 日個股大幅開高（向上跳空 9.12%），收出一個小陽線漲停板，形成小陽線漲停 K 線型態。當日股價突破前高，留下向上突破缺口，均線呈多頭排列，股價的強勢特徵已經非常明顯。像這種情況，投資人可以在次日進場，加倉買進籌碼。

5 月 23 日當日，主力機構大幅開高（向上跳空 7.32%），拉出一個長下影線陽線漲停板。成交量較前一交易日放大 2 倍多，股價突破前高，留下向上突破缺口，形成長下影線陽線漲停 K 線型態。此時均線呈多頭排列，MACD、KDJ 等技術指標已經走強，股價的強勢特徵十分明顯。像這種情況，投資人可以在當日或次日進場，加倉買進籌碼。

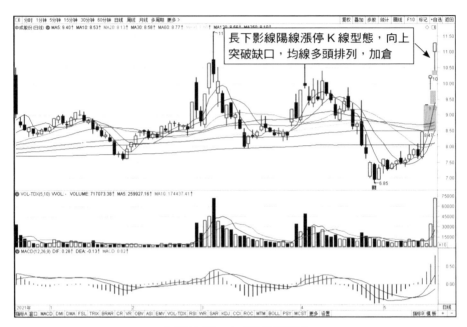

長下影線陽線漲停 K 線型態，向上突破缺口，均線多頭排列，加倉

▲ 圖 6-35　中成股份走勢圖

　　圖 6-36 是中成股份 2022 年 6 月 8 日的 K 線走勢圖。從 K 線走勢看，該股 5 月 23 日拉出一個長下影線陽線漲停板，形成長下影線陽線漲停 K 線型態後，主力機構展開快速拉升行情。

　　從拉升情況看，主力機構採取盤中洗盤的操盤手法，依托 5 日均線幾乎是直線快速拉升拔高。從 5 月 24 日至 6 月 7 日共 10 個交易日，拉出 8 根大陽線，其中 7 個漲停板（2 個一字板、1 個小陽線漲停板和 4 個大陽線漲停板），漲幅相當可觀。

　　6 月 8 日當日，主力機構平開衝高回落，收出一根陰十字星（高位或相對高位的十字星，又稱為黃昏之星），成交量較前一交易日略萎縮，顯露出主力機構盤中拉高吸引跟風盤震盪出貨的痕跡。此時，股價遠離 30 日均線且漲幅較大，KDJ 等部分技術指標開始走弱，盤面的弱勢特徵已

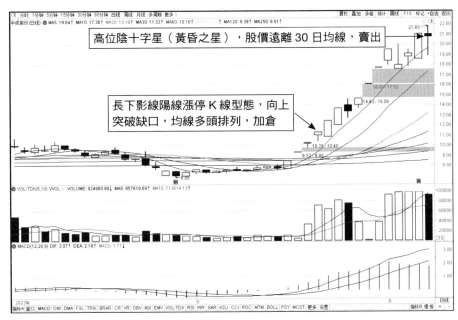

▲ 圖 6-36 中成股份走勢圖

經顯現。像這種情況，投資人手中如果還有當天沒有出完的籌碼，次日要逢高賣出。

圖 6-37 是恒大高新 2022 年 7 月 12 日的 K 線走勢圖。將 K 線走勢縮小後可以看出，這是個股上漲初期出現的長下影線陽線漲停 K 線型態。股價從前期相對高位 2020 年 1 月 6 日最高價 11.30 元，一路震盪下跌，至 2022 年 4 月 27 日最低價 4.06 元止跌。下跌時間長、跌幅大，下跌期間有過多次較大幅度的反彈。

2022 年 4 月 27 日止跌後，主力機構開始快速推升股價，收集籌碼，然後展開下跌整理和橫盤整理洗盤吸籌行情。

7 月 11 日主力機構開低，收出一個大陽線漲停板。漲停原因為超超臨界發電＋環保。一是公司在互動平台表示，目前公司的防磨抗蝕技術在

177

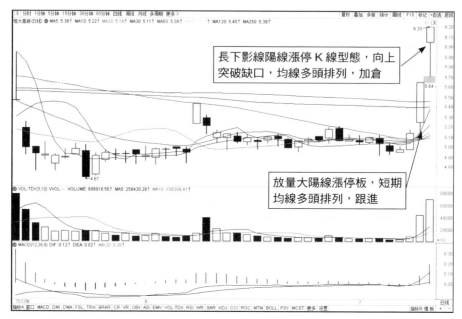

長下影線陽線漲停 K 線型態，向上突破缺口，均線多頭排列，加倉

放量大陽線漲停板，短期均線多頭排列，跟進

▲ 圖 6-37　恒大高新走勢圖

超臨界鍋爐、超臨界鍋爐設備部件得到應用，今後將根據發電設備的不斷更新換代，積極研發相應的防護新材料及新技術，滿足客戶不斷升級的防護需求。

　　二是公司為領先的工業設備防護服務商，業務範圍涵蓋電力、鋼鐵、水泥等對國內經濟發展有重要作用的工業領域，公司致力於為用戶提供高效、便捷的防磨損抗腐蝕方案。

　　當日股價突破平台和前高，成交量較前一交易日放大 5 倍多，短期均線呈多頭排列，MACD、KDJ 等技術指標開始走強，股價的強勢特徵已經顯現。像這種情況，投資人可以在當日或次日進場，逢低買進籌碼。

　　7 月 12 日當日，主力機構大幅開高（向上跳空 7.09%），拉出一個長下影線陽線漲停板，成交量較前一交易日明顯放大，股價突破前高，留下

向上突破缺口，形成長下影線陽線漲停 K 線型態。此時，均線呈多頭排列，MACD、KDJ 等技術指標已經走強，股價的強勢特徵十分明顯。像這種情況，投資人可以在當日或次日進場，加倉買進籌碼。

　　圖 6-38 是恒大高新 2022 年 7 月 26 日的 K 線走勢圖。從 K 線走勢可以看出，該股 7 月 12 日拉出一個長下影線陽線漲停板，形成長下影線陽線漲停 K 線型態之後，主力機構展開快速拉升行情。

　　從拉升情況看，主力機構採取盤中洗盤的操盤手法，依托 5 日均線幾乎是直線快速拉升。從 7 月 12 日至 7 月 25 日共 10 個交易日，拉出了8 根大陽線即 8 個漲停板（1 個一字板、1 個 T 字板、1 個小陽線漲停板、2 個大陽線漲停板、3 個長下影線漲停板），漲幅非常可觀。

　　7 月 26 日當日，主力機構開低衝高回落，收出一根小螺旋槳陰 K 線

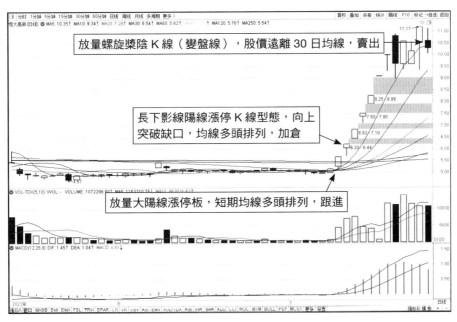

▲ 圖 6-38　恒大高新走勢圖

（高位螺旋槳 K 線，又稱為變盤線或轉勢線），成交量較前一交易日略有放大。加上前一交易日收出的一根放量漲停錘頭陽 K 線，顯露出主力機構盤中拉高，引誘跟風盤震盪出貨的痕跡。

此時，股價遠離 30 日均線且漲幅很大，5 日均線走平，MACD、KDJ 等技術指標已經走弱，盤面的弱勢特徵已經顯現。像這種情況，投資人手中如果還有當天沒有出完的籌碼，次日要逢高清倉。

❖ 操盤心法

長下影線陽線漲停 K 線型態，與小陽線漲停 K 線型態的共同點在於，兩種 K 線型態都是開高幅度在 5% 以上，表示股價的強勢特徵非常明顯。

區別在於，小陽線漲停 K 線型態是普通漲停 K 線型態中最強勢的漲停 K 線型態，K 線的實體（連同下影線）整體短小，而長下影線陽線漲停 K 線型態的 K 線實體較小，下影線較長（一般為整根 K 線的二分之一以上），是普通漲停 K 線型態中比較強勢的一種漲停 K 線型態。

對於不同位置出現的長下影線陽線漲停 K 線型態，投資人要個別看待。對處於低位或相對低位的長下影線陽線漲停 K 線型態，要擇機逢低跟進。對處於高位或相對高位的長下影線陽線漲停 K 線型態，要謹慎對待，以防被套牢。

後記
願以我的 20 年投資經驗，
成就你的財富自由之夢！

20 多年的股市投資經歷，積累了太多的經驗和教訓，特別是在操盤跟莊強勢股之餘，陸續研讀了 100 多本證券類書籍之後，開闊了思維眼界，提升了操盤境界，有許多感悟和啟示，萌生創作一套操盤跟莊強勢股方面的叢書的想法。

從 2020 年初開始著手，至 2023 年初陸續付梓出版，3 年時間，股市平平淡淡、日子平平常常、寫作緊緊張張，期間也有過迷茫和彷徨，但更多的還是信心和堅持。

有一句話說得好：「一個使勁踮起腳尖靠近太陽的人，全世界都擋不住他的陽光。」對一般投資人來說，也許，你的堅持，終將成就你的財富自由之夢。

在本書創作過程中，筆者查閱、參考大量相關文獻作品和資料，從中得到不少啟發和感悟，也參考借鑒其中一些非常有價值的觀點。但由於閱讀參考的文獻資料來源廣泛，部分資料可能沒有注明來源或出處，在此表示感謝和歉意。

　　本書雖然幾易其稿，也經過反覆校對。但由於倉促成文，加之筆者水準有限，肯定有不少錯誤、殘缺或不當之處，尚祈讀者批評指正，不勝感激。

明發

2023 年 2 月　於北京

［參考文獻］

1. 麻道明，短線抓漲停【M】. 北京：中國經濟出版社，2020.

2. 李星飛，股市擒牛 15 式【M】. 北京：中國宇航出版社，2020.

3. 郭建勇，分時圖超短線實戰：分時圖捕捉買賣點技巧【M】. 北京：中國宇航出版社，2020.

4. 吳行達，買入強勢股【M】. 北京：經濟管理出版社，2019.

5. 均線上的舞者，漲停接力【M】. 北京：清華大學出版社，2019.

6. 張華，狙擊漲停板（修訂本）【M】. 成都：四川人民出版社，2019

7. 麻道明，莊家意圖：股市技術圖表背後的莊家操盤手法【M】. 北京：中國經濟出版社，2019.

8. 畢全紅，新盤口語言解密與實戰【M】. 成都：四川人民出版社，2019.

9. 股震子，強勢股操盤技術入門與精解【M】. 北京：中國宇航出版社，2019.

10. 麻道明，游資操盤手法與實錄【M】. 北京：中國經濟出版社，2018.

11. 楊金，參透 MACD 指標：短線操盤　盤口分析與 A 股買賣點實戰【M】. 北京：人民郵電出版社，2018.

12. 楊金，分時圖實戰：解讀獲利型態　準確定位買賣點　精通短線交易【M】. 北京：人民郵電出版社，2018.

13. 楊金，極簡投資法：用 11 個關鍵財務指標看透 A 股【M】. 北京：人民郵電出版社，2018.

14. 李洪宇，從零開始學 KDJ 指標：短線操盤　盤口分析與 A 股買賣點實戰【M】. 北京：人民郵電出版社，2018.

15. 李洪宇，從零開始學布林線指標：短線操盤　盤口分析與 A 股買賣點實戰【M】. 北京：人民郵電出版社，2018.

16. 楊金，從零開始學籌碼分布：短線操盤　盤口分析與 A 股買賣點實戰【M】. 北京：人民郵電出版社，2017.

17. 楊金，從零開始學量價分析：短線操盤　盤口分析與 A 股買賣點實戰【M】. 北京：人民郵電出版社，2017.

18. 曹明成，一本書搞懂龍頭股戰法【M】. 上海：立信會計出版社，2017.

19. 曹明成，龍頭股必殺技【M】. 北京：中國宇航出版社，2017.

20. 齊曉明，強勢股交易從入門到精通【M】. 北京：機械工業出版社，2017.

21. 孟慶宇，短線炒股實戰：股票交易策略與操盤心經【M】. 北京：人民郵電出版社，2016.

22. 王江華，短線：典型股票交易實戰技法【M】. 北京：清華大學出版社，2016.

23. 王江華，成交量：典型股票分析全程圖解【M】. 北京：清華大學出版社，2016.

24. 王江華，操盤：新股民炒股必知的 128 個細節【M】. 北京：清華大學出版社，2016.

25. 安佳理財，股票漲停策略與實戰【M】. 北京：清華大學出版社，2016.

26. 無形，一天一個漲停板之尋找強勢股【M】. 北京：中國經濟出版社，2016.

27. 高開，漲停揭秘：跟操盤高手學炒股【M】. 北京：清華大學出版社，2016.

28. 邢岩，盤口三劍客：K 線、量價與分時圖操作實戰【M】. 北京：清華大學出版社，2015.

29. 尼尉圻，實戰掘金：跟操盤高手學炒股【M】. 北京：清華大學出版社，2015.

30. 楊明，均線：典型股票盤口分析【M】. 北京：清華大學出版社，2015.

31. 笑看股市，跟莊：典型股票分析全程圖解【M】. 北京：清華大學出版社，2015.

32. 翁富，主力行為盤面解密（一）【M】. 北京：地震出版社，2015.

33. 翁富，主力行為盤面解密（二）【M】. 北京：地震出版社，2015.

34. 翁富，主力行為盤面解密（三）【M】. 北京：地震出版社，2015.

35. 翁富，主力行為盤面解密（四）【M】. 北京：地震出版社，2015.

36. 翁富，主力行為盤面解密（五）【M】. 北京：地震出版社，2015.

37. 翁富，主力行為盤面解密（六）【M】. 北京：地震出版社，2019.

38. 翁富，主力行為盤面解密（七）【M】. 北京：地震出版社，2020.

39. 黑馬王子，伏擊漲停【M】. 北京：清華大學出版社，2014.

40. 黑馬王子，漲停密碼【M】. 北京：清華大學出版社，2014.

41. 黑馬王子，股市天經（之一）：量柱擒漲停【M】. 成都：四川人民出版社，2014.

42. 黑馬王子，股市天經（之二）：量線捉漲停【M】. 成都：四川人民出版社，2014.

43. 黑馬王子，黑馬王子操盤手記（一）【M】. 北京：清華大學出版社，2016.

44. 黑馬王子，黑馬王子操盤手記（二）【M】. 北京：清華大學出版社，2016.

45. 黑馬王子，黑馬王子操盤手記（三）【M】. 北京：清華大學出版社，2016.

46. 黑馬王子，黑馬王子操盤手記（四）【M】. 北京：清華大學出版社，2016.

47. 黑馬王子，黑馬王子操盤手記（五）【M】. 北京：清華大學出版社，2016.

48. 黑馬王子，黑馬王子操盤手記（六）【M】. 北京：清華大學出版社，2017.

49. 黑馬王子，黑馬王子操盤手記（七）【M】. 北京：清華大學出版社，2017.

50. 黑馬王子，黑馬王子操盤手記（八）【M】. 北京：清華大學出版社，2017.

51. 黑馬王子，黑馬王子操盤手記（九）【M】. 北京：清華大學出版社，2017.

52. 魯斌，龍頭股操作精要【M】. 北京：中信出版社，2015.

53. 魯斌，捕捉強勢股份時啟動點【M】. 北京：中信出版社，2015.

54. 王堅寧，股市常用技術指標買賣型態圖譜大全【M】. 北京：清華大學出版社，2014.

55. 股震子，短線追漲一本就通【M】. 北京：中國勞動社會保障出版社，2014.

56. 股震子，強勢股精析：股票投資入門決勝 95 個技巧【M】. 北京：中國勞動社會保障出版社，2013.

57. 孤帆遠影，做強勢股就這麼簡單【M】. 北京：中國電力出版社，2014.

58. 蔣幸霖，主力操盤手法揭秘【M】. 北京：清華大學出版社，2013.

59. 沈良，一個農民的億萬傳奇【M】. 北京：中國經濟出版社，2013.

60. 啟賦書坊，股市實戰如何精準把握買賣點【M】. 北京：電子工業出版社，2013.

61. 張文，趙振國，龍頭股實戰技巧【M】. 北京：中國宇航出版社，2013.

62. 王恒，一眼看破漲停天機【M】. 廣東：廣東經濟出版社，2012.

63. 王恒，一眼看破Ｋ線天機【M】. 廣東：廣東經濟出版社，2012.

64. 王恒，一眼看破均線天機【M】. 廣東：廣東經濟出版社，2012.

65. 王恒，一眼看破盤口天機【M】. 廣東：廣東經濟出版社，2011.

66. 名道，如何在股市快速賺錢：點殺強勢股（修訂版）【M】. 廣州：廣東經濟出版社，2012.

67. 鐘海瀾，巴菲特説炒股【M】. 北京：北京理工大學出版社，2012.

68. 盤古開天，如何在股市聰明賣出【M】. 北京：機械工業出版社，2012.

69. 操盤聖手，K線買賣點大全【M】. 北京：中國經濟出版社，2012.

70. 蔣幸霖，散戶必知的 200 個買賣點【M】. 北京：清華大學出版社，2012.

71. 吳振鋒，量波抓漲停【M】. 北京：清華大學出版社，2012.

72. 股震子，狙擊漲停一本就通【M】. 北京：中國勞動社會保障出版社，2012.

73. 韋雨田，炒股就是炒盤口：兩星期煉成盤口實戰高手【M】. 廣州：廣東經濟出版社，2011.

74. 一舟，強勢股操作技術精要【M】. 北京：地震出版社，2011.

75. 股海淘金，從三萬到千萬：短線盈利實戰技法【M】. 上海：上海財經大學出版社，2011.

76. 潘平，只做強勢股【M】. 武漢：華中科技大學出版社，2011.

77. 斯科特·菲利普斯，未來十年的六大價值投資領域【M】. 王佳藝，譯. 北京：人民郵電出版社 , 2011.

78. 上海操盤手，五線開花（1）：穩操股市勝券的密碼【M】. 上海：上海財經大學出版社，2010.

79. 上海操盤手，五線開花（2）：股票最佳買賣點【M】. 上海：上海財經大學出版社，2011.

80. 上海操盤手，五線開花（3）：倚天劍與屠龍刀【M】. 上海：上海財經大學出版社，2012.

81. 上海操盤手，五線開花（4）：神奇的密碼線【M】. 上海：上海財經大學出版社，2012.

82. 上海操盤手，五線開花（5）:K線其實不簡單【M】. 上海：上海財經人學出版社，2012.

83. 上海操盤手，五線開花（6）：港股就這樣操盤【M】. 上海：上海財經

大學出版社，2015.

84. 上海操盤手，五線開花（7）：散戶決戰漲停板【M】. 上海：上海財經大學出版社，2015.

85. 上海操盤手，五線開花（8）：攻擊個股臨界點【M】. 上海：上海財經大學出版社，2016.

86. 上海操盤手，五線開花（9）：期貨揭秘與實戰【M】. 上海：上海財經大學出版社，2016.

87. 上海操盤手，五線開花（10）：股市操練大全【M】. 上海：上海財經大學出版社，2017.

88. 劉元吉，跟莊就這幾招【M】. 2 版. 北京：中國紡織出版社，2010.

89. 高竹樓，高海寧，炒股就是炒趨勢【M】. 深圳：海天出版社，2009.

90. 善強，看透股市：中國股市運行分析【M】. 北京：中國財政經濟出版社，2009.

91. 張健，炒股不敗的 49 個細節【M】. 北京：當代世界出版社，2008.

92. 趙衍紅，史潮，手把手教你炒股【M】. 蘭州：甘肅文學出版社，2007.

93. 魏豐杰，操盤揭秘：股票分時戰法【M】. 北京：中國科學技術出版，2007.

94. 潘偉君，看盤細節【M】. 北京：地震出版社，2007.

95. 吳獻海，股道真經：波浪理論實戰技巧【M】. 北京：地震出版社，2007.

96. 善強，中國股市機構主力操盤思維：市場分析篇【M】. 北京：企業管理出版社，2004.

97. 王都發，莊家兵法【M】. 北京：經濟管理出版社，2004.

98. 楊新宇，股市博弈論【M】. 西安：陝西師範大學出版社，2000.

99. 鐘麟，智戰者【M】. 廣州：廣東經濟出版社，2000.

100. 鐘麟，勝戰者【M】. 廣州：廣東經濟出版社，1999.

101. 鐘麟，善戰者【M】. 廣州：廣東經濟出版社，1999.

102. 唐能通，短線是銀：短線高手的操盤技巧【M】. 成都：四川人民出版社，1999.

103. 童牧野，莊家剋星：職業操盤手投資要訣【M】. 成都：四川人民出版社，1999.

104. 徐敏毅，牛心熊膽：股市投資心理分析【M】. 成都：四川人民出版社，1999.

105. 趙正達，投資與投機：拉近巴菲特與索羅斯【M】. 成都：四川人民出版社，1999.

106. 李志林，走近贏家：股市中的悟性與天機【M】. 成都：四川人民出版社，1999.

107. 喻樹根，投資手冊【M】. 廣東．廣東經濟出版社，1999.

108. 青木，炒股方略【M】. 廣東：廣東經濟出版社，1999.

109. 李夢龍、李曉明，莊家操作定式解密【M】. 廣州：經濟出版社，1999.

110. 李克，莊家內幕【M】. 成都： 四川人民出版社，1999.

111. 何安平，得意圖形：經典技術理論在中國股市的實戰應用【M】. 北京：中國經濟出版社，1999.

112. 李幛喆，炒股就這幾招【M】. 北京：改革出版社，1999.

113. 李鐵鷹，四維 K 線圖：股票買賣秘訣【M】. 上海：上海交通大學出版社，1997.

國家圖書館出版品預行編目（CIP）資料

史上最強Ｋ線，散戶追漲教科書：破新高的股票這樣追，
賺飽價差51％！／明發著. -- 新北市：大樂文化有限公司，
2024.2
192面；17×23公分 （優渥叢書Money；070）
ISBN 978-626-7422-09-0（平裝）
1. 股票投資　2. 投資技術　3. 投資分析
563.53　　　　　　　　　　　　　　　　　113001328

Money 070

史上最強Ｋ線，散戶追漲教科書

破新高的股票這樣追，賺飽價差51％！

作　　者／明　發
封面設計／蕭壽佳
內頁排版／王信中
責任編輯／林育如
主　　編／皮海屏
發行專員／張紜蓁
發行主任／鄭羽希
財務經理／陳碧蘭
發行經理／高世權
總編輯、總經理／蔡連壽
出　版　者／大樂文化有限公司（優渥誌）
　　　　　　地址：220新北市板橋區文化路一段268號18樓之一
　　　　　　電話：（02）2258-3656
　　　　　　傳真：（02）2258-3660
詢問購書相關資訊請洽：2258-3656
郵政劃撥帳號／50211045　戶名／大樂文化有限公司

香港發行／豐達出版發行有限公司
地址：香港柴灣永泰道70號柴灣工業城2期1805室
電話：852-2172 6513　傳真：852-2172 4355

法律顧問／第一國際法律事務所余淑杏律師
印　　刷／韋懋實業有限公司

出版日期／2024年2月29日
定　　價／280元（缺頁或損毀的書，請寄回更換）
ＩＳＢＮ／978-626-7422-09-0